D1993289

Rudolf A. Schnappauf

Bewußtseins-Entwicklung
- Herausforderung für uns alle -

Liebe Dana ♡

Mögen diese hoffnungsvollen Zukunfts-Perspektiven

auch Dein Leben mit Zuversicht erfüllen

und mit Optimismus stärken!

Rudolf A. Schnappauf

Heringen, 28. Mai 1995

Gelbe Reihe

Gehirn und Lernen GABAL BAND 34

Herausgeber: Prof. Dr. Hardy Wagner

Rudolf A. Schnappauf

Bewußtseins-Entwicklung

- Herausforderung für uns alle -

Stehen wir vor einem neuen Evolutionssprung?

Erleben wir die Entwicklung des kollektiven Bewußtseins noch in unserer Generation?

Lösen wir Menschen die globalen Aufgaben durch ganzheitliches Denken, ökologische Verantwortung und synergetisches Handeln?

2., überarbeitete Auflage

GABAL

Die Reihe für Ihre erfolgreiche Zukunft

Die Deutsche Bibliothek – CIP-Einheitsaufnahme

Schnappauf, Rudolf A.:
Bewusstseins-Entwicklung – Herausforderung für uns alle: stehen wir vor einem neuen Evolutionssprung? Erleben wir die Entwicklung des kollektiven Bewusstseins noch in unserer Generation? / Rudolf A. Schnappauf – 2., völlig überarb. Aufl.
– Speyer: GABAL, 1992
(GABAL; Bd. 34: Gelbe Reihe Gehirn und Lernen)
ISBN 3-923984-74-X

NE: Gesellschaft zur Förderung Anwendungsorientierter Betriebswirtschaft und Aktiver Lehrmethoden in Fachhochschule und Praxis: GABAL

1. Auflage	1. – 3. Tausend Mai 1990
2., völlig überarb. Auflage	4. – 6. Tausend Nov. 1992

Titelbild und Illustrationen:	Stefan Birker, Diplom-Designer, Viernheim
Satz und Layout:	Iris u. Rudolf A. Schnappauf, Hünfelden
Lektorat:	Johanna Frank, Betriebspädagogin, Speyer
Druck:	Fortmann KG, 6720 Speyer

Herausgeber: Hardy Wagner im Auftrag der

Gesellschaft zur Förderung
Anwendungsorientierter
Betriebswirtschaft und
Aktiver
Lehrmethoden in Fachhochschule
und Praxis **(GABAL)** e.V.,

Dudenhofer Straße 46, 6720 Speyer, Tel. (06232) 9666

INHALTSVERZEICHNIS

GELEITWORT DES HERAUSGEBERS

Es bedarf oft eines besonderen Anstoßes, etwas zu tun, was nun "endlich fällig" ist, damit es uns "zufällt". Dies nennen wir "Zufall". So kam der Anstoß zur 1. Auflage des vorliegenden GABAL-Buches - ein sog. Schnell-Schuß - durch GABAL-Mitglieder, die an dem GfA-Kongreß 1989 in Köln teilgenommen hatten, wo auch der Autor, GABAL-Mitglied Schnappauf, referiert hatte. In Köln - wie schon anderenorts - erfolgte eine starke Beachtung seines Themas, zugleich Thema dieses Buches - das im weiteren Sinne auch ein Thema der GABAL und der zukünftigen "GABAL-Akademie des Erfolgs" ist. Entsprechend folgten zahlreiche Anfragen nach einer Kopie des Vortrags-Manuskriptes. Dies haben Verlag und Herausgeber als einen herausfordernden "Zufall" angesehen, denn an sie wurde die Idee einer Publikation herangetragen.

Nach kurzer, reiflicher Überprüfung entschieden sich der Herausgeber gemeinsam mit Autor und Verlag, angesichts der zentralen Bedeutung dieses Themas - gerade in der derzeitigen deutschen und auch weltweiten gesellschaftspolitischen Situation - ein "echtes Büchlein" vorzulegen. Dies bedeutete eine völlige Überarbeitung des Vortrags-Manuskriptes - einschließlich neuem Stichwort- und Quellen-Verzeichnis sowie einer teilweisen Erweiterung. Es war wohl nicht zuletzt das Engagement für "sein Thema", daß der Autor in einer Rekordzeit diese erheblichen Umarbeitungen hat bewältigen und mit der Fertigstellung einer reprofähigen Vorlage hat abschließen können. Diese Leistung veranlaßt uns nicht nur zu besonderem Dank, sondern auch zu ausgesprochener Hochachtung. Im Hinblick auf diese qualitativen Verbesserungen haben wir den Band auch äußerlich der neuen GABAL-Linie angepaßt und den Einband professionell gestalten lassen durch Diplom-Designer Stefan Birker, der aufgrund von Anregungen des Autors das Titelbild und auch die bildlichen Aussagen im Innenteil bearbeitet hat.

Wir freuen uns, mit der vorliegenden Publikation unserem wachsenden Freundes- und Leserkreis ein weit über die Thematik von "Gehirn und Lernen" sowie "Erfolg und Methodik" hinausgehendes Informations-

Angebot machen zu können. Zugleich ist offenkundig, daß das Thema "Erfolg" sich hier in einem sehr globalen Sinne widerspiegelt, wie auch das Thema "Gehirn und Lernen" unter sehr ganzheitlichen Aspekten - im Sinne eines "Global Brain" - verstanden werden kann.

Rudolf A. Schnappauf ist es in sehr anschaulicher und zugleich überzeugender Weise gelungen, philosophische Gedanken mit naturwissenschaftlichen Erkenntnissen und Thesen zu verbinden und hieraus interessante Hypothesen bzw. Aussagen abzuleiten. Auch wer dem Autor nicht in allen Ableitungen folgen kann oder will, wird eine Fülle von Anregungen erhalten. Wahrscheinlich wird jeder Leser anschließend einer Reihe von Thesen und Antithesen, die im Buch dargestellt sind, mindestens um einiges kritischer bzw. "bewußter" gegenüberstehen oder zu einer eigenen Synthese kommen. Viele Probleme, die sich uns in der Presse, im Fernsehen und in sonstigen Medien täglich darstellen, erfordern von der Menschheit, und damit von jedem von uns, eine schnelle und vor allem eine eindeutige Antwort.

In der Tat geben wir diese Antwort, und zwar täglich - durch unser Verhalten! Damit beeinflussen und verändern wir kontinuierlich unsere Umwelt, denn die Formel, daß unser Verhalten geprägt ist von unserer Persönlichkeit und unserer Umwelt, gilt als unbestritten:

$V = f(P,U,...)$ - *"Unser Verhalten ist eine Funktion unserer Persönlichkeit und unserer Umwelt."*

Wenn wir unser Verhalten ändern, verändern wir für die anderen Menschen deren Umwelt, worauf diese sich mit ihrem Verhalten anpassen und damit auch unsere Umwelt verändern. In dieser unserer veränderten Umwelt werden wir unser Verhalten erneut anpassen und verändern, was somit einen kontinuierlichen Veränderungs-Prozeß auslöst.

Hieraus ergeben sich zwei zentrale Aussagen, die ebenso logisch zwingend wie empirisch nachweisbar sind:

(1) Nichts ist beständiger als der Wandel! - Alles fließt (Heraklit).
(2) Wer die Welt verändern will - und wollen das nicht viele von uns?! - muß, kann und darf (nur) bei sich selbst anfangen!

Dieses Anfangen, dieses Tun

- "Es gibt nichts Gutes, es sei denn, man tut es!" -

setzt allerdings voraus, daß wir entsprechend denken: "Gedanken verändern die Welt", sagt der Autor zu Recht in seiner Einleitung. Und genau dies ist die geistige Basis, auf der die Idee der GABAL-Akademie des Erfolgs aufbaut und die "GABAL-Schriftenreihe für Ihre erfolgreiche Zukunft" ihren Beitrag leisten möchte.

Für positive, konstruktive und "weltverändernde" Gedanken in unserem Informations-Zeitalter brauchen wir ausreichendes Wissen. Wir brauchen Input für unseren Geist, um für den Sprung in das vom Autor als Hypothese beschriebene "Bewußtseins-Zeitalter" - wann immer die Evolution dies ermöglicht - gerüstet zu sein.

Eine Besonderheit des vorliegenden GABAL-Bandes ist die Umsetzung der "globalen Gedanken" - auch bei der Planung und Herstellung dieses Buches:
In Übereinstimmung zwischen Verlag und Autor wurde dieser Band in seiner zweiten Auflage auf Recycling-Papier gedruckt - Inhalt und Umschlag -. Wir sind sicher, daß die Käufer und Leser gerade dieses Buches dies nicht nur akzeptieren, sondern sogar begrüßen werden. Auch hat der Autor den Inhalt ein weiteres Mal überarbeitet und ergänzt. Der gesamte Text wurde neu gesetzt und ist damit - im Vergleich zur ersten Auflage - erkennbar leserfreundlicher geworden.

Wir wünschen dieser verbesserten Neu-Auflage unseres GABAL-Bandes zu einer wichtigen und immer wichtigeren Thematik eine ebenso positive Aufnahme wie der ersten Auflage, die schon nach kurzer Zeit vergriffen war.

Speyer, im Oktober 1992

Für die Herausgeber

Hardy Wagner

VORWORT von mir, Deinem BUCH

Schön, daß Du - lieber Leser - mit mir einen Dialog beginnen möchtest, denn ich bin ein besonderes Büchlein. Es hat eine bestimmte, tiefe Bedeutung, daß Du mich eben jetzt in der Hand hältst, auch wenn Du sie noch nicht erkennst. Es ist kein Zufall, daß ich Dir "zugefallen" bin. Vielleicht verstehst Du diese Worte besser, wenn Du mich gelesen hast.

In einer Zeit, in der die Medien (Fernsehen, Rundfunk, Presse) nicht nur tagtäglich, sondern stündlich mit Sensationsmeldungen und Negativ-Botschaften auf viele Millionen Menschen einwirken, ist es leicht verständlich, daß viele von ihnen an der Zukunft zweifeln.

Wenn auch Du manchmal ohne Hoffnung in die Zukunft schaust, angesichts dramatischer Umwelt-Katastrophen, sterbender Natur, weltweiter wirtschaftlicher und sozialer Probleme und steigender Weltbevölkerung, dann komme ich gerade richtig zu Dir, um Deinen positiven Glauben an die Zukunft zu stärken oder wieder aufzubauen.

Ich werde Dir helfen, die vielen "negativen" Informationen nicht nur als Weltuntergangs-Prognosen zu sehen, sondern sie als notwendige Voraussetzungen für die Weiterentwicklung der Evolution auf dem Planeten Erde zu verstehen, auf dem Du lebst.

Bist Du neugierig im Sinne von lernwillig? Das ist nämlich die einzige Voraussetzung, die Du brauchst, um in der Welt und mit ihr besser zurechtzukommen und um der Welt zu helfen, so zu werden, wie Du sie Dir wünschst.

Vielleicht tröstet es Dich, daß mein Autor Anfang der 70er Jahre auch sehr pessimistisch in die Zukunft geschaut hat. Als Wirtschafts-Pädagoge hat er eingesehen, daß es einfach zu lange dauern wird, um durch Individual-Lernen (einer bringt es dem andern bei) die drohenden Umweltprobleme zu lösen. Damals wußte er noch nichts vom rasanten Tempo kollektiver Lernprozesse.

Doch als er sich von dem in mir aufbereiteten Wissen inspirieren ließ, kam er nicht nur seiner geistigen Erleuchtung ein "Schrittchen" näher. Er lernte vor allem, wieder mit Mut und Zuversicht voranzuschreiten und die Evolution der Welt aktiv und optimistisch mitzugestalten. Deshalb hat er mich geschrieben.

Und jetzt freut er sich darauf, daß Du ihm bald bei dieser interessanten und verantwortungsvollen Aufgabe helfen wirst. Ich freue mich auch, daß ich Dein Anstoß sein werde, Dein Bewußtsein ganzheitlich und ökologisch zu entwickeln.

DANK DES AUTORS

Der Text dieses Büchleins, in dem Sie lesen, ist ursprünglich nicht als Buchtext geplant gewesen. Viele Menschen haben dazu beigetragen, daß die darin enthaltenen Gedanken in der vorliegenden Form erscheinen konnten.

Inspirieren ließ ich mich durch eine ausgezeichnete Rezension von Jochen F. Uebel, damals Herausgeber der "Trendwende", der das brillante Buch "Die erwachende Erde" von meinem Beraterkollegen Peter Russell so begeisternd beschrieb, daß ich mich sofort hineinvertiefte. Die optimistischen Prognosen brachten mich dazu, mehr und mehr in dieser Richtung zu forschen. Sie haben mein Leben grundlegend geändert.

Geholfen haben mir dabei alle, die in und nach meinen Vorträgen, Seminaren und Trainings mit mir diese Gedanken diskutiert haben. Ihnen allen sei Dank. Insbesondere den Mitgliedern des Münchener Bildungsforums (MBF), der Leistungsgemeinschaft EKS e. V., der Gesellschaft für Arbeitsmethodik e. V. (GfA) und den Hörern verschiedener Management-Akademien und Volkshochschulen, die mir durch ihre Kritik und ihren Beifall Mut gegeben haben, diese Gedanken einem größeren Publikum zugänglich zu machen.

Entstanden ist dieses Buch aus dem Mitschnitt meines Festvortrags anläßlich des 9. Bundeskongresses der GfA in Köln im Oktober 1989. Dies mag erklären, weshalb der Leser sich nicht durch die in wissenschaftlichen Werken üblichen Fußnoten mit Literaturverweisen und Seitenangaben "quälen darf". Der Schwerpunkt liegt auf verständlicher Lese(r)-freundlichkeit. Seit diesem Vortrag erreichten mich über 100 Anfragen mit der Bitte um eine Manuskript-Kopie. Die Anrufe mit aufmunterndem Zuspruch halten heute noch an.

Mein besonderer Dank gilt Prof. Dr. Hardy Wagner und dem GABAL-Verlag, die sich schnell und flexibel bereit fanden, diese Gedanken zu veröffentlichen, Stefan Birker für die Illustrationen und die Gestaltung des Titelbildes, Peter Russell und dem Heyne Verlag für die freundliche Genehmigung des Abdrucks einiger Zitate und Schaubilder und meiner lieben Frau Iris für all die Liebe, Kraft und Ideen, die sie mir gegeben hat, und für das sorgfältige und ausdauernde Aufzeichnen, Gestalten und Überarbeiten des Manuskriptes.

Ihnen, liebe Leser, wünsche ich: Lassen Sie sich durch dieses kleine Buch inspirieren, Ihr Bewußtsein weiterzuentwickeln in Richtung auf ein global vernetztes Denken, das sich seiner ökologischen Verantwortung für die gesamte Schöpfung bewußt ist.

Hünfelden bei Limburg an der Lahn, März 1990

LESER-MEINUNGEN zur 1. Auflage:

"Bewußtseins-Entwicklung - Herausforderung für uns alle -"

"Meiner Meinung nach die einfachste und klarste Darstellung zum Übergang in ein neues Denken und in eine neue Zeit..."

Gerd Ammelburg

"Das Beste steht zwischen den Zeilen. Ich erahne, was Sie noch 'alles draufhaben'. Sie verstehen es wachzurütteln ohne gleich zu schocken. ...das Büchlein hat's in sich und wird ein 'Seller'...Während meiner Beratungsgespräche mit ...Managern gleitet das Gespräch häufig auf Themen Ihres Buches..."

Anton Klein

"Ich habe ... drin viele wertvolle, inspirierende Gedanken gefunden..."

Marc Kuhn

"...Was mich besonders freut: Wie klar Sie das Wesentliche erfaßt und wiedergegeben haben..."

Eberhard Lutz

"...Ich habe es mit Interesse und Zustimmung gelesen. Mir war es zu wenig "esoterisch", aber ich finde, daß gerade das die Stärke des Buches sein wird. Die "Hirnmenschen" haben - wenn überhaupt - nur so Zugang. Herzlichen Glückwunsch..."

Dr. Lothar Manker

"...Sie (die Broschüre) ist, was bei diesem Thema selten ist, regelrecht spannend zu lesen und ist für mich ein großer Gewinn durch die Zusammenfassung der verschiedenen Autoren und Forschungsergebnisse...Ihre Broschüre ist wirklich ein Schritt vorwärts...

Wolfgang Mewes

"...Ja, so sehe ich die Dinge auch, außer, daß ich nicht mehr daran glaube, daß es noch Jahrzehnte dauert, bis der Sprung stattfindet..."

Prof. Dr. Peter Molzberger

"...sehr gerne erinnere ich mich noch an Ihren ausgezeichneten Vortrag...und wünsche Ihren Gedanken eine weite Verbreitung."

Dr. Hans Morawa

"Eine hervorragende, kurze und interessante Zusammenstellung von wichtigen Thesen und Inhalten, die ich gern als Begleit- und Hintergrundmaterial in meinen Seminaren einsetze und verschenke..."

Holger Münter

"Gratulation zum Buch! ...ich finde es gut gelungen; ist es doch eine Zusammenfassung vieler Überlegungen und Entwicklungen in Deinem Leben..."

Axel Nauert

"...diese Arbeit ist sehr verdienstvoll, auch und gerade in diesen Tagen des sich beschleunigenden Wandels. Ich selber, mit einer persönlich durch inzwischen 20 Jahre Meditation und Kontemplation gestalteten Lernphase, würde zwar etwas ganz anderes über dasselbe Thema schreiben - aber Sie sprechen ein ganz wichtiges (anderes) Publikum an - gratuliere! ..."

Prof. Dr. Frank Peschanel

"...Ihre Broschüre mit den sehr interessanten Gedanken und Überlegungen. Wir werden sie weiterempfehlen...viel Erfolg bei Ihrer wichtigen Arbeit der 'Bewußtmachung' dieser wichtigen Gedanken und Zusammenhänge..."

Herbert Reichhelm

"...ein beeindruckendes Werk, das jeder gelesen haben sollte, der bereit ist, Verantwortung zu tragen für sein Denken und Handeln..."

Bernd Roloffs

"...interessantes Buch, das ich fleißig studiere. -Eine Vision, die Kraft spendiert.-"

Roman Schmitt

"...es liest sich angenehm, verständlich auch für Unstudierte, was ich als sehr wohltuend empfand..."

Ilse Schulze

VORWORT ZUR 2. AUFLAGE

Natürlich haben meine liebe Frau Iris und ich uns sehr gefreut, daß dieses Büchlein auf so großen Zuspruch getroffen ist. Schon nach wenigen Monaten war die gesamte erste Auflage vergriffen. Viele Menschen, vor allem Trainerkollegen, haben dazu beigetragen, daß die optimistischen Visionen einer breiten Öffentlichkeit zugänglich geworden sind.

Besonders gefreut haben wir uns über die vielen Anrufe und Zuschriften, die alle ausnahmslos zustimmende und aufmunternde Worte enthielten (s. Leser-Meinungen S. 14 f.). Auch hier hat sich das Resonanz-Gesetz bestätigt: Jeder erntet, was er sät.

Verständlicherweise ist es uns nicht immer gelungen, alle Zuschriften zu beantworten. Daher danken wir an dieser Stelle allen von Herzen, die den Kontakt mit uns suchen. Sehr erfreut waren wir über die tolle Idee begeisterter Leser, die dieses Büchlein zu einem kleinen, wertvollen Geschenk für ihre (Geschäfts-)Freunde, Mitarbeiter, Mitglieder, Kunden ... auserkoren haben. Sie alle haben zur Evolution des Bewußtseins in ihrer Umwelt beigetragen. GAIAs Dank ist ihnen sicher.

Einen Verbesserungsvorschlag nahmen wir gerne entgegen: "Gebt dem Buch eine größere Schrift, damit es nicht nur inhaltlich, sondern auch 'physisch' leicht lesbar wird." Diesem Wunsch unserer Leser haben wir in dieser zweiten Auflage gerne entsprochen. Aktualisiert und erweitert wurde auch das Literatur-Verzeichnis. Leider hat die Überarbeitung viel länger gedauert, als wir glaubten. Den vielen hundert Bestellern, die auf die Neuauflage gewartet haben, danken wir für ihre Geduld.

Wir wünschen Ihnen, liebe Leser, viel Freude und einen deutlichen Schub in Ihrer persönlichen Bewußtseins-Entwicklung.
Mögen diese hoffnungsvollen Zukunfts-Perspektiven auch Ihr Leben mit Zuversicht erfüllen und mit Optimismus stärken!

Hünfelden, Oktober 1992

EINLEITUNG

"Der Mensch ist Teil eines von uns 'All' genannten Ganzen, ein Teil, der seine räumlichen und zeitlichen Grenzen hat. Er erfährt sich selbst, seine Gedanken und Gefühle als etwas von allem anderen Getrenntes - sozusagen eine optische Täuschung seines Bewußtseins.

Diese Täuschung bedeutet für uns eine Art Gefängnis, sperrt uns ab von allem außer unseren persönlichen Wünschen und der Zuneigung zu ein paar wenigen uns Nahestehenden.

Unser Bestreben muß es sein, aus diesem Gefängnis auszubrechen, indem wir den Kreis unseres Miterlebens und Mitfühlens erweitern, auf daß er alle Lebewesen und die gesamte Natur in ihrer Schönheit erschließe."

Diese tiefsinnigen Worte von **Albert Einstein** stimmen nachdenklich. Zugleich leiten sie wunderbar in unser Thema ein. Vielleicht dienen sie Ihnen als Leitgedanken für das ganze Buch und für Ihr weiteres Leben, so wie sie mir eine neue Richtung aufgezeigt haben.

Sind Sie schon einmal gefragt worden: "Wo ist Ihre **Heimat**, wo sind Sie zu Hause?" Sicher konnten Sie leicht antworten. Wenn Sie über die Straße zu Ihrem Nachbarn gehen, dann sind Sie auf der anderen Seite zu Hause, in Ihrem Haus.

Wenn ein Bauer in die Stadt fährt und dort nach seiner Heimat gefragt wird, dann ist sein Dorf seine Heimat. Wenn ich ins Ausland fliege und gefragt werde, dann sage ich Deutschland ist meine Heimat. Das sind wir alle gewohnt.

Wir sind es aber noch sehr wenig gewohnt, eine noch viel größere Heimat, die wir alle haben, als solche auch zu bezeichnen und vor allen Dingen auch zu verstehen: nämlich diese Erde, diesen Planeten, auf dem wir alle zu Hause sind.

Ein bißchen hat sich diese Sicht, daß die **Erde unsere Heimat** ist, in unser aller Bewußtsein gegraben, als wir die ersten Fotos aus dem All sahen, als die Astronauten auf dem Mond standen und darüber berichteten.

Zwei Zitate von denen, die unsere Erde vom Weltall aus gesehen haben, zeigen, wie sehr diese Perspektive ihr Bewußtsein verändert hat. Das erste stammt von **Edgar Mitchell**:

> "Dieser Blick auf die Erde verlieh mir ein starkes Heimatgefühl, ein Gefühl des Seins und Einsseins. Etwas, das ich unmittelbares Weltbewußtsein nennen möchte."

Und sein Kollege **Russel Schweickart**:

> "Jeder kommt mit dem Gefühl zurück, nicht mehr US-Bürger zu sein, sondern Erdbürger. Du erkennst, daß du ein Stück von diesem Gesamtleben bist, daß du dazugehörst ..."

Lassen Sie uns dieses "Gesamtleben" näher betrachten. Kommen Sie mit auf eine phantastische Reise voller hoch-optimistischer - vielleicht sagen Sie auch utopischer - Gedanken.

Meine Absicht ist es, Sie anzustecken mit dieser positiven Zukunftsvision. Denn **das Bild, das ein Mensch von sich selbst und seiner Zukunft besitzt, hat entscheidenden Einfluß auf das, was er tut.**

Auch das Bild, das eine Gemeinschaft wie die Menschheit von ihrer möglichen Zukunft pflegt, beeinflußt und prägt das Schicksal dieser Gemeinschaft. **Weltbilder entstehen im Kopf**.

Gedanken verändern die Welt. Lassen Sie uns daher positive Gedanken zu einem globalen Bewußtseins-Konzept zusammenfügen. Denn "für Minderes als Utopia ist die Welt heute zu gefährlich." (Buckminster Fuller)

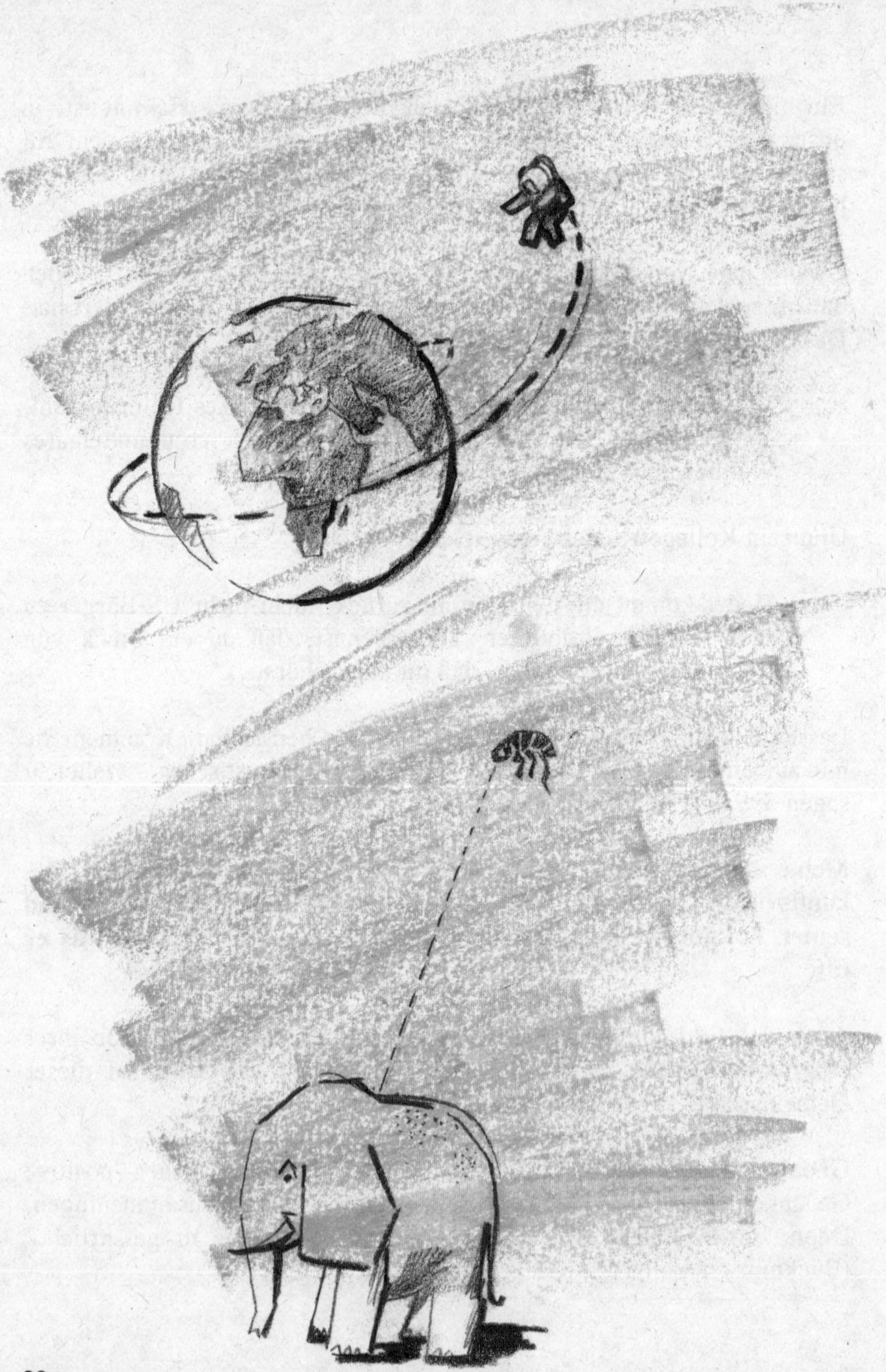

KAPITEL 1

UNSERE ERDE - EIN LEBEWESEN?

Sind wir "Erdlinge", wir Menschen, Flöhen vergleichbar, die auf einem Elefanten leben? Die den Elefanten skizzieren, analysieren, kartografieren und seine chemische Zusammensetzung messen? Die wissen, welche Tiere und Pflanzen darauf leben, aber niemals auf den Gedanken kommen, daß das, worauf sie leben, vielleicht selbst ein Stück ihrer Umwelt, ihrer lebenden Umwelt ist? Bis irgendwann mal so ein Floh 100 Meter hoch springt und seine "ganze Welt", den Ort, an dem er zu Hause ist, betrachtet und sieht: Das Ganze lebt ja!

Betrachten wir die Welt aus großer Distanz und in ihrem Zeitmaß, dann sehen wir etwas Phantastisches. Wir können uns vorstellen, daß die Welt einen eigenen Pulsschlag hat. Vielleicht könnte er mit Tag und Nacht zusammenhängen.

Wir sehen Luft- und Meeresströmungen. Das könnte der Nahrungszufuhr und Ausscheidung ähneln. Wir sehen Kontinente driften, Gebirge entstehen, Vulkane ausbrechen und die Erosion sie wieder abtragen. Da herrscht eine Menge Aktivität und Leben.

Der englische Chemiker **Jim E. Lovelock** hat die inzwischen weltberühmt gewordene **Gaia-Hypothese** aufgestellt. "Gaia" kommt aus dem Griechischen und bedeutet "Erdmutter". Sie umfaßt alle Lebensformen, die ganze **Biosphäre** inklusive **Böden**, **Atmosphäre** und **Meere**.

Lovelock ist unbeabsichtigt darauf gekommen. Er hat Untersuchungen für die NASA geleitet, ob auf anderen Himmelskörpern in diesem Sonnensystem möglicherweise Leben sein könnte.

Dabei haben sich die Wissenschaftler gefragt: wie könnten wir denn überhaupt registrieren, ob Leben auf anderen Planeten existiert?

Sie sind zu einer Definition für Leben gekommen, die vieles zuläßt. Diese lautet:

> "Alle Lebensformen lassen sich an einem gemeinsamen Merkmal erkennen. **Jede Lebensform nimmt Materie und Energie auf, setzt sie um und gibt sie wieder ab an die Umgebung.**"

Das heißt, in der Umgebung gibt es Auswirkungen. Die Umgebung gerät aus ihrem statischen Gleichgewicht - ein neues Gleichgewicht entsteht. Unsere Erde - als typisches Zeichen - ist weit, weit entfernt von dem statischen Gleichgewicht, das sie vor einigen Milliarden Jahren gehabt hat.
Heute haben wir eine ganz andere Zusammensetzung der Atmosphäre. Sie verändert sich immer noch in einigen Punkten. Dafür hält sie andere Merkmale unbegreiflicherweise erstaunlich konstant. Gaia zeigt Merkmale von Leben.

Schauen Sie sich an, welche Zustände auf der Erde konstant gehalten werden, in einem ursprünglich nicht vorhanden **homöostatischen Gleichgewicht**, wider Erwarten und über lange Zeit hinweg.

Fünf Beispiele:

1. Die **Temperatur der Erdoberfläche** beträgt seit Hunderten von Jahrmillionen konstant zwischen 15 und 35° C, obwohl die Sonneneinstrahlung stärker geworden ist.

2. Der **Salzgehalt der Meere** reguliert sich dauernd zwischen 3 und 4%, obwohl ständig Süßwasser aus den Flüssen zufließt. Wäre er nur ein bißchen höher, bereits bei 6% wäre kein Leben in der bekannten Form möglich.

3. Der **Sauerstoff-Gehalt der Atmosphäre** stabilisiert sich bei genau 21%, obwohl die Ur-Atmosphäre noch gar keinen Sauerstoff enthielt. Würde er etwas absinken, würden wir ersticken. Würde er nur leicht ansteigen, würde alles explosionsartig verbrennen.

4. Die **Ozonschicht in der Atmosphäre** war seit ihrem Aufbau stabil. Sie schützt alles Leben seit Jahrmilliarden gegen die lebensbedrohende UV-Strahlung. (Sie wissen, warum ich "war" schreibe, denn durch massive Eingriffe des homo öconomicus in die Natur sind wir Menschen gerade dabei, diesen wichtigen Faktor aus seinem homöostatischen Gleichgewicht zu kippen.)

5. Der **Ammoniak-Anteil in der Atmosphäre** ist seit Jahrmillionen in einer konstant geringen Menge beigemischt. Das ist sehr wichtig zur Neutralisierung von Schwefelsäuren, die aus Vulkanen kommen, und von Salpetersäuren, die bei Gewittern entstehen - tonnenweise. Würde es diese Menge Ammoniak nicht geben, könnten wir nicht leben.

Fünf Beispiele für stabile Zustände, die ursprünglich auf der Erde nicht herrschten und widernatürlich sind. Stabile Zustände, die von selbst, ohne Steuerung, ohne Logik, ohne Bewußtsein kaum vorstellbar sind.

Daher stellt sich die Frage:

> Ist die Erde ein **dynamisches, selbstregulierendes System**?
> Ein **kybernetischer Regelkreis**, der erst jetzt durch "zunehmend" ganzheitliches, vernetztes Denken für uns erfahrbar wird?

Natürlich könnten wir sagen, das sind alles Zufälle. Genauso wie eine Zelle in unserem Körper sagen könnte, das sind alles Zufälle, wie der Körper reagiert. Wenn es ihn friert, dann zittert er zufällig, und wenn es ihm heiß ist, dann schwitzt er zufällig. Wenn er Nahrung braucht, dann kommt sie zufällig, und er verdaut sie und scheidet sie auch zufällig wieder aus.

Man kann das so sehen, aber ich glaube, daß unser Körper seine Systeme und seine Bedingungen ganz **bewußt reguliert**, um Leben zu erhalten und weiter zu ermöglichen, und nicht durch eine Reihe von Zufällen. Vielleicht ist es auch ähnlich mit unserem Planeten.

Wenn es so wäre, dann stellt sich die Frage:

Welche Rolle spielt der Mensch in einem solchen "Gesamt-System-Leben" auf dieser Erde?

Die erste Möglichkeit, die sich andeutet, heißt:
Die Menschheit als Ganzes ist ein riesiges **Globalhirn**. Wir sind das Gehirn dieses Planeten. Jeder von uns ist eine Nervenzelle in diesem weltumspannenden Gehirn. Wir bieten ein gigantisches Datenerfassungs- und Kommunikations-System für alles Leben auf dieser Erde. Städte können Sie vergleichen mit Knotenpunkten, ähnlich den Ganglien bestimmter Tiere.

Das Gehirn von Gaia hat alles, was Lebewesen auch haben:

1. Die Menschheit besitzt eine **langsame** Kommunikation entsprechend dem **Hormonsystem**. Überlegen Sie, was unser Postwesen darstellt: mit Autos, Schiffen, Flugzeugen werden Güter verschickt.

2. Wir haben ein **sehr schnelles** Kommunikationssystem entsprechend den **Nervenbahnen**: unsere Telekommunikation mit all den Geräten, die auf elektronischer Basis blitzschnell Informationen übermitteln.

Es gibt noch einen zweiten faszinierenden Gedanken:

Wenn wir die Menschheit global betrachten, finden wir zwei Entwicklungsrichtungen:

Eine im **Westen**, in Europa und Nordamerika, die sehr naturwissenschaftlich **rational** auf **Erkenntnis** aus ist.

Eine zweite im **Osten**, die mehr **intuitiv** und ganzheitlich arbeitet, die auf **Erleuchtung** aus ist, die mehr in Indien und im asiatischen Raum zu Hause ist.

Vergleichen wir diese beiden Dinge einmal mit dem Aufbau des Gehirns eines Menschen. Da finden wir die gleiche Einteilung. Ein mehr rationales, analytisches Denken in der linken - in der westlichen - Hemisphäre (Gehirnhälfte) und ein mehr kreatives, intuitives, ganzheitliches Denken in der rechten - östlichen - Hemisphäre (vgl. GABAL-Schriftenreihe, Band 6 und 26, GABAL-Verlag).

Ist es nicht ein erstaunlicher Zufall, daß sich die Menschheit als Ganzes genauso entwickelt wie unsere beiden Gehirnhälften?

Wenn wir kein Gehirn wären, was wären wir dann? Eine andere Möglichkeit könnte heißen: Wir sind ein **planetares Krebsgeschwür**. Jeder einzelne von uns ist eine egoistische Zelle, die ihre Umwelt ausbeutet, und wir breiten uns als Krebs über die Welt aus und zerstören das gesamte System. Auch diese These hat sicher viele Anhänger.

Bevor Sie sich entscheiden, ob Sie mehr dem ersteren oder dem zweiten zustimmen, versuchen Sie, eine integrierende Lösung zu finden. Wenn zwei Möglichkeiten wahrscheinlich sind, glaube ich nicht an das "Entweder-Oder", sondern suche immer nach dem "Sowohl-Als-auch". Vielleicht stimmen beide.

Vielleicht stellen wir ein globales Nervensystem dar, das in einem sehr raschen Entwicklungsstadium ist und im Moment an einem kritischen Punkt etwas außer Kontrolle geraten ist. Wir, Gaia, die Erde, leiden sozusagen an einer "Hirnhautreizung". Das "Gehirn Menschheit" funktioniert noch nicht so ganz richtig.

Wir sind dabei, durch diese Störung unser Gesamtsystem aus dem Gleichgewicht zu bringen und damit unsere eigene Existenzgrundlage zu gefährden.

Das soll als Denkanstoß zur Gaia-Hypothese vorerst genügen.

KAPITEL 2

DIE EVOLUTION VON DER VERGANGENHEIT BIS ZUR GEGENWART

Ich hoffe, Sie verstehen, daß ich nicht bei Adam und Eva beginne, sondern 15 Milliarden Jahre vorher. Ich stütze mich dabei nur auf Naturwissenschaften, nicht auf metaphysische oder esoterische Gedanken.

Vor 15 Mrd. Jahren (so lautet die im Augenblick gängigste Schöpfungsgeschichte der Astrophysiker) entsteht das uns bekannte Universum durch einen Urknall (s. Abb. S. 29). Was davor war, entzieht sich unserer Kenntnis. Im ersten Moment existiert nichts außer reiner **Energie** (Schwingung).

Lassen Sie uns Anleihe nehmen bei einer anderen Schöpfungsgeschichte, die sagt: "Am Anfang war das Licht" (oder "das Wort", beides ist Schwingung und damit Energie). Das paßt sehr gut zu der Erkenntnis der heutigen Physik.

Dieses Universum expandiert und kühlt sich gleichzeitig stark ab. Dabei entstehen aus dieser Energie **Elementarteilchen** (Elektronen), die wieder zerfallen und neu entstehen, bis sich das Ganze nach einigen Minuten stabilisiert.

Nach etwa 700.000 Jahren hat sich das Universum auf ca. 4.000° C abgekühlt, und die Elementarteilchen können sich zusammenklumpen. Die ersten **Atomkerne** entstehen.

Als der Strahlungsdruck nachläßt und die Gravitation größer wird, klumpen sich die Atome immer mehr zusammen. **Urwirbel** entstehen, und daraus bilden sich die ersten Galaxien. Dieser Prozeß dauert 10 Milliarden Jahre.

In dieser Zeit entstehen Sterne, erhitzen sich durch die eigene Gravitation und explodieren wieder in großen **Supernovae**. Innerhalb dieser Supernova-Explosionen erfolgen thermonukleare Kettenreaktionen. Dabei entstehen die **schweren Elemente** und damit alle Atome, aus denen alles, was wir kennen, noch heute besteht.

Jedes Atom in unserem Körper stammt aus einer Supernova und jedes Elektron aus der Phase kurz nach dem Urknall. **Wir sind also so alt wie dieses Universum!** Alle Materie hat die Erfahrung der gesamten Schöpfung in sich, so wie jeder Bildpunkt eines Hologramms die Gesamtinformation des ganzen Bildes in sich trägt.

Vor rund 4,6 Milliarden Jahren entsteht unsere **Sonne**, ein Gestirn der 4. Generation, wie die Astronomen sagen. Ab diesem Moment wird es für uns etwas anschaulicher und konkreter. Atome setzen sich zu **Molekülen** zusammen.

Moleküle bilden **Makro-Moleküle** und lernen, andere Atome und andere Moleküle an sich anzulagern und in sich aufzunehmen sowie andere Substanzen nachzubilden.

Wir sind an einer Stelle, die wir als **Evolutionssprung** ansehen können: die **Transformation von Materie zu Leben**. Damit wird keine Bedingung von Materie aufgehoben. Es bildet sich eine neue zusätzliche, höhere Ordnung, die weit über alles Bisherige hinausgeht.

1953 ist es einem Studenten zum ersten Mal gelungen, organische Grundsubstanzen des Lebens künstlich im Labor zu erzeugen. Als er die Ur-Atmosphäre starker UV-Strahlung aussetzte, sind Aminosäuren und Karboxyle - die Bausteine des Lebens - entstanden.

Überfliegen wir die Evolution des Lebens auf unserer Erde weiter. Dieses Nachvollziehen ist notwendig, um zu verstehen, was heute geschieht und welch wichtige Bedeutung die augenblickliche Entwicklung der Menschheit für die Evolution hat.

Vor etwa 4,1 Milliarden Jahren lernt organische Materie, sich selbst zu **duplizieren**. Hier vollzieht sich ein bedeutsamer Schritt, der ermöglicht, daß sich später Leben verdoppeln kann. (Ein Vorgang, den wir heute - allerdings in viel komplexerer Form - noch kennen, wenn in jeder Zelle die DNS die RNS aufspaltet und sich selbst dupliziert.)

Es entsteht das erste Leben. Die ersten **Zellen** werden auf 3,5 bis 4 Milliarden Jahre geschätzt. Seit dieser Zeit existieren kleine Bakterien und Algen, die sich in 1000 Jahrmillionen über die Welt ausbreiten.

Als die erste "**Ernährungskrise**" für die frühesten Einzeller und Makro-Moleküle da ist, weil sie keinen Platz mehr finden, bilden sich neue Lebewesen. Ihnen gelingt etwas Evolutionäres: die Entwicklung der **Photosynthese**. Sie nehmen Sonnenlicht auf und setzen es um in Körper-Energie. Diese Photosynthese-Bakterien (Algen und anaerobe Bakterien) setzen als Ausscheidungsprodukt **Sauerstoff** frei.

Bald tritt die erste **Umweltvergiftung** ein, noch größer als die, die wir heute erleben. Denn Sauerstoff bedeutet den Tod für alle vorhandenen Lebewesen. Die Atmosphäre wird langsam aber sicher zum Todfeind allen bisherigen Lebens.

Wieder vollbringt unsere Erde Großartiges: sie benutzt diesen feindlichen Eindringling Sauerstoff, um damit eine **Ozonschicht** aufzubauen, die das Leben gegen die todbringende UV-Strahlung schützt.

Beachten Sie auch hier wieder, wie flexibel dieses "Lebewesen" Gaia, dieses Erdenbewußtsein, reagiert.

Denn ursprünglich war die UV-Strahlung notwendig, um die Lebensbausteine, die Aminosäuren, aufzubauen. Als diese zu lebenden Zellen geworden sind und sich selbst vermehren können, wird diese UV-Strahlung lebensbedrohend.

ETAPPEN DER EVOLUTION

vor Mio. Jahren			
15000	Urknall	*EVOLUTION DER ENERGIE*	Hitze
		EVOLUTION DER MATERIE	Elementarteilchen Atomkerne
10000	Galaktische Urwirbel Thermonukleare Kettenreaktionen		leichte Atome komplexe Atome
4800	lokale Supernova		
4600	"unser" Sonnensystem entsteht		
4400	Meere bilden sich		Atmosphäre aus Methan, Ammoniak...
4100	Selbstverdoppelnde Moleküle		
		EVOLUTION DES LEBENS	
4000	Lebensbausteine erste einfache Zellen		Aminosäuren...
3500	älteste Zell- Fossilien	*Photosynthese entwickelt sich*	Sauerstoff wird frei- gesetzt, oxydiert
2000			Sauerstoff-Anreiche- rung in Atmosphäre Ozonschicht
1500	komplexe Zellen mit Zellkern	*Sauerstoff-atmer*	
1000	Einfache vielzellige Organismen: Schwämme	*sexuelle Reproduktion evolviert*	Stabilisierung der Atmosphäre
			Zellspezialisierung *Organe entstehen*
600	komplexe vielzellige Organismen	*anderes Leben als Nahrung*	
450	Pflanzen besiedeln das Land		
400	Tiere besiedeln das Land		*Entwicklung des Nervensystems*
	Artenvielfalt		
2	Erste Vorfahren des Menschen		*Wachstum des Gehirns*
0		*EVOLUTION DES BEWUSSTSEINS*	
			Vernetzung der Gehirne

Quelle: vgl. Russell a.a.O.

Da entstehen neue Zellen, die Sauerstoff produzieren. Dieser Sauerstoff wird nun dazu genutzt, den Eindringling UV-Strahlung abzuschirmen, um dem Leben eine neue Evolutionsmöglichkeit aufzubauen.

Nur, der Sauerstoff selbst ist nicht nur Schutz, sondern wiederum das größte Gift für diese anaeroben Zellen. Also kommt der nächste großartige Schritt in der Evolution: Es entstehen Zellen, die lernen, Sauerstoff aufzunehmen, zu atmen und abzubauen.

Sie wissen alle, daß aus diesen Lebewesen nach 2 Milliarden Jahren Entwicklungszeit die Tiere und aus den anderen, die auf der Photosynthese aufgebaut haben, die Pflanzen geworden sind.

Vor etwa 1,5 Milliarden Jahren entwickeln sich die ersten komplexeren Zellen mit einem **Zellkern**. Ab diesem entscheidenden Moment in der Evolution ist es möglich, daß zwei Zellen zusammenkommen, um Nachwuchs zu zeugen. Es ist die Entstehung der **sexuellen Reproduktion**.

Sie bedeutet, informationstechnisch gesehen, einen riesigen Fortschritt, nämlich die Verdoppelung von Information bei der Vererbung. Diese Verdoppelung bringt eine wesentliche **Beschleunigung** der Evolution, weil sie viel mehr Entwicklungs- und Entfaltungsmöglichkeiten erlaubt.

Es geht jetzt immer schneller weiter. Zellen spezialisieren und organisieren sich zu Geweben, diese zu komplexen Organellen und Organen.

Vor 450 Millionen Jahren besiedeln die Pflanzen das Land. Natürlich die Pflanzen, weil sie die Photosynthese-Fähigkeit besitzen. 50 Millionen Jahre später, als genügend Nahrungsmittel (= Pflanzen) auf dem Land gewachsen sind, folgen die Tiere. Alles Weitere dürfte Ihnen aus dem Biologie-Unterricht noch in Erinnerung sein.

Von vor 400 Millionen Jahren bis heute sollen uns hier nur noch zwei wesentliche Entwicklungen interessieren:

1. Die Entstehung von **Nervensystemen** zur schnelleren Kommunikation der Zellen untereinander und

2. die Entwicklung des **Gehirns**.

Das Gehirn ist in den letzten 50 Millionen Jahren am schnellsten und größten gewachsen.

Eine Zahl als Vergleich:

> Wenn Sie die Gehirn- oder Nervensubstanz der ersten vielzelligen Organismen (Mollusken und Würmer) ins Verhältnis setzen zu ihrer Körpersubstanz und diese Relation mit der Verhältniszahl **1** angeben, dann haben die intelligentesten aller Saurier eine Verhältniszahl von **20** erreicht. Beim Menschen beträgt das Verhältnis Gehirn zu Körpermasse bereits **350**.

Verhältnis
Gehirn/Nervenmasse
zu Körpermasse

früheste Würmer 1	Saurier 20	Menschen 350

Der größte Evolutionsschritt der letzten 50 Millionen Jahre hat im Gehirn der Lebewesen stattgefunden, insbesondere zuletzt in der Großhirnrinde des Menschen.

Diese Entwicklung des Kortex auf **10^{10} Nervenzellen** (sprich 10 hoch 10), d.h. 10 Milliarden Nervenzellen, ist ein sehr bedeutsamer Schritt. Er hat den nächsten globalen Evolutionssprung ermöglicht.

Die 10^{10} Nervenzellen in einem Gehirnteil haben ermöglicht, daß sich Lebewesen herausgebildet haben, wie wir Menschen und vielleicht auch die Delphine und Wale, die **sich ihres Bewußtseins gewahr** (bewußt) sind. Wir besitzen ein "**selbstreflexives Bewußtsein**". Wir wissen, daß wir wissen. Wir erfahren die Erde und unser Dasein nicht nur, sondern wir wissen auch, daß wir darüber nachdenken können.

Am Ende dieses sehr naturwissenschaftlichen zweiten Kapitels sei mir erlaubt, selbstkritisch darauf hinzuweisen, daß die Urknall-Theorie nur eines der denkbaren Erklärungs-Modelle unseres Raum-Zeit-Kontinuums darstellt und nur eine von **zwei** scheinbar **entgegengesetzten Theorien über das Bewußtsein** darstellt.

Fritjof Capra beschreibt diese beiden Ansichten in seinem Buch "Das Neue Denken" so:

> "Eine von ihnen möchte ich als die abendländische naturwissenschaftliche Anschauung nennen. Sie betrachtet Materie als das Ursprüngliche und das Bewußtsein als eine Eigenschaft komplexer materieller Strukturen, die auf einer gewissen Ebene der biologischen Entwicklung in Erscheinung treten ...
>
> Die andere Anschauung vom Bewußtsein kann man die mystische nennen ... Für sie ist Bewußtsein die primäre Wirklichkeit, das Wesen des Universums, der Urgrund allen Seins. Alles andere - alle Formen von Materie und alle Lebewesen - ist Manifestation des reinen Bewußtseins."

Obwohl für diese zweite Sichtweise nicht nur alle Religionen und Wahrheitslehren, sondern auch die empirische Erfahrung jedes bewußt lebenden Menschen spricht, wollen wir im weiteren den in den ersten beiden Kapiteln eingeschlagenen Gedankengang fortsetzen und in seinen logischen Konsequenzen betrachten.

In den Kapiteln 7 bis 9 wird sich Ihnen die Integration der naturwissenschaftlichen und der metaphysischen Weltsicht offenbaren.

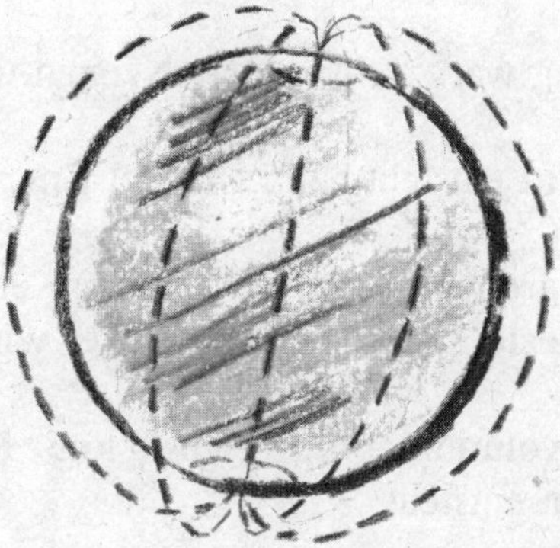

KAPITEL 3

VERBORGENE ORDNUNGSMUSTER IN DER EVOLUTION

Unser dritter Gliederungspunkt bringt uns zu den Fragen:

> Welche Muster sind erkennbar?
> Wie schaut es in der Evolution aus?
> Gibt es Ordnungen?
> Gibt es irgend etwas, das regelmäßig oder systematisch vor einem Evolutionssprung passiert?

Sehen Sie sich die vier größten Evolutionssprünge an (s. Abb. S. 35):

> Was am Anfang war, weiß keiner. Nennen wir es **Leere**.
>
> Im ersten Schritt entsteht beim Urknall **Energie**.
>
> Im zweiten großen Evolutionssprung entsteht aus Energie unbelebte **Materie**, die immer komplexer wird.
>
> Im dritten Evolutionssprung wird tote Materie zu lebender Materie, **Leben** entsteht.
>
> Der vierte Schritt bringt **selbstreflexives Bewußtsein**.

Alle diese Ordnungen brauchen eigene Betrachtungsweisen und haben eigene Verhaltensmuster, die so grundsätzlich voneinander verschieden sind, daß es nicht möglich ist, mit einer unserer Wissenschaften alle zu erklären.

Ordnen wir grob zu, können wir sagen: die **Mathematik** ist auf der ersten Stufe (der Energie) ganz wichtig, aber sie ist nicht in der Lage, alles zu erklären, was mit Materie zu tun hat.

DIE GROSSEN EVOLUTIONSSPRÜNGE

Emergierende Ordnung	Evolutionsprodukt	Erforschungs- und Betrachtungsebene
4: Selbstreflexives Bewußtsein	Mensch (Wale u. Delphine?)	Soziologie Psychologie
3: Leben	Vielzellige Organismen Zellen mit Kern Bakterien/Blaualgen	Biologie Molekular-Biologie
2: Materie Zunehmende Komplexität	Makromoleküle Moleküle Atome	Chemie Physik
1: Energie	Elektromagnetische Energie (Licht)	Mathematik
0: Leere		Mystik?

--- Zunehmende Komplexität ---

Aufeinander aufbauende Ordnungsstrukturen der Evolution mit den für die einzelnen Stufen relevanten Forschungsdisziplinen.

Der Zustand vor dem Urknall ist als Nullstufe angesetzt und mit "Leere" bezeichnet.

Quelle: vgl. Russell a.a.O.

Die **Physik** und auch die **Chemie** können das sehr viel besser. Aber beide sind nicht in der Lage, alles zu erklären, was auf der Evolutionsstufe "Leben" vorgeht. Sie können zwar Grundaussagen zur Materie machen, und diese sind richtig auf allen Ebenen, aber Physik und Chemie sind nicht mehr in der Lage, die nächste Evolutionsstufe voll zu erschließen.

Dazu braucht es neue Wissenschaften wie die **Biologie**. Die Biologie ist aber nicht mehr in der Lage, alles zu erklären, was in Gesellschaften, Organisationsformen, Staatswesen (Ameisenstaaten, Bienenstaaten, Menschenstaaten) passiert.

Dafür haben wir die **Psychologie** und die **Soziologie** entwickelt.

Es entstehen also immer neue Betrachtungsebenen, die grundsätzlich voneinander verschieden sind. Wichtig ist, daß dabei nichts verlorengeht, sondern eine Stufe immer auf der anderen **aufbaut**, die vorhandenen in sich **integriert** und grundlegend **erweitert**.

Unsere Frage heute lautet:

> **Stehen wir derzeit an der Schwelle zum fünften Evolutionssprung**, zu einer neuen umfassenderen Ebene?
> Entsteht aus dem selbstreflexiven Bewußtsein etwas Neues?
>
> Oder **muß es** sogar **entstehen**, wenn wir nicht untergehen wollen?

KAPITEL 4

STEHEN WIR VOR EINEM NEUEN GLOBALEN EVOLUTIONS-SPRUNG?

Wird es eine neue, fünfte, phantastische Ebene geben, die **genauso unvorstellbar über dem Bisherigen** liegt, **wie** z.B.

> **Materie über Energie** - oder - **Leben über Materie**?
> Wird es etwas ähnlich Umwälzendes geben?
> Stehen wir vor einem neuen großen Evolutionssprung?

Meine Antwort dazu gleich vorab: **Ja, unmittelbar**!

Ich glaube, daß wir den nächsten Evolutionssprung möglicherweise noch in unserer Generation erleben werden. Wir sprechen also nicht über eine Spekulation für die ferne Zukunft. Lassen Sie mich Ihnen im folgenden diese beiden Teile meiner Antwort belegen.

Zunächst die Begründung für das "Ja"; in Kapitel 6 die Begründung für das "Unmittelbar". Auch hier soll die "Beweisführung" in beiden Fällen wieder mit "harten" naturwissenschaftlichen Fakten geschehen.

Vor jedem Evolutionssprung laufen ganz bestimmte Prozesse nach ganz bestimmten Mustern ab. Kennen wir diese Muster, dann können wir prüfen, ob die Voraussetzungen für einen Evolutionssprung derzeit zutreffen. Die Muster sind einfach und seit den 70er Jahren gründlich erforscht.

Die **Kriterien** lauten:

1. **Die "Komplexität" nimmt stark zu**

2. Die Unordnung oder - wie die Physiker sagen - **die "Entropie" nimmt stark zu.**

Beides sind untrügliche Anzeichen dafür, daß es zu einem Evolutionssprung kommen kann. Definieren wir zunächst die Begriffe:

1. Komplexität ist gekennzeichnet durch drei Kriterien:

1.1 Vielfalt
1.2 Organisiertheit und
1.3 Verbundenheit.

Was bedeuten diese Begriffe im einzelnen?

1.1 Vielfalt bedeutet: Eine große Anzahl unterschiedlicher Elemente wird benötigt, damit es überhaupt zu einer Vorwärtsentwicklung in der Evolution kommt. Eine wichtige Zahl haben Sie schon kennengelernt. Sie wissen, daß der menschliche Kortex - das Großhirn - aus 10 Mrd. Nervenzellen besteht.

Diese 10^{10} taucht immer wieder in der Evolution auf. Auch an der Schwelle zwischen Materie und Leben ist sie die kritische Zahl. Stellen wir uns die allereinfachsten Einzeller vor, z.B. das bekannte Coli-Bakterium. Dieses besteht - auch wieder rein zufällig? - aus fast 10 Mrd. Atomen. Es gibt sehr wenige bekannte Lebensformen mit weniger als 10 Mrd. Atomen, einige Viren, aber kaum Einzeller.

Natürlich gibt es viele mit über 10^{10} Atomen. Das scheint die entscheidende Größe der Vielfalt zu sein. Das heißt: erst wenn 10 Mrd. Atome zusammenkommen, ist überhaupt die erforderliche Vielfalt vorhanden, die tote Materie zu lebender Materie werden läßt!

Erst wenn 10 Mrd. Gehirnzellen, also lebende Zellen, zusammenkommen, ist ausreichende Vielfalt vorhanden, daß selbstreflexives Bewußtsein entstehen kann!

Sie können den nächsten Schritt vollziehen. Erst wenn 10 Mrd. selbstreflexive Bewußtseinsteile vorhanden sind - oder in etwa dieser Größenordnung - ist die notwendige Basis vorhanden, um die nächste Evolutionsstufe einzuläuten.

1.2 Das zweite Kriterium für Komplexität, **Organisiertheit**, bedeutet: Eine Struktur muß da sein, Organe müssen vorhanden sein. Organe, die aufeinander sehr gut abgestimmt sind. Teile, die in Beziehung, in Wechselwirkung zueinander stehen und arbeitsteilig zusammenarbeiten.

1.3 Das dritte Kriterium für Komplexität lautet **Verbundenheit**. Das heißt, eine innere Aktivität muß vorhanden sein. Die einzelnen Teile müssen untereinander Materie oder Energie austauschen, die Grundprinzipien für Leben, wie sie Jim Lovelock definiert hat.

Ein Informationsfluß muß vorhanden sein, die Teile müssen untereinander im Erfahrungsaustausch stehen.

Schauen Sie sich Vielfalt, Organisiertheit und Verbundenheit an (s. Abb. S. 40).

Am Anfang haben sich Elementarteilchen zusammengefunden zu Atomen. Atome haben sich zusammengeschlossen zu Molekülen. Moleküle zu Makro-Molekülen, die zu einfachen Zellen, diese zu komplexen Zellen mit Zellkern und diese zu Organen. Und ganz zum Schluß stehen momentan selbstbewußte Lebewesen, die sich ihrer Fähigkeit zu denken bewußt sind.

Die Komplexität hat ständig zugenommen. Jetzt steht der Zusammenschluß dieser sich selbst bewußten Lebewesen an! Oder hat er bereits begonnen?

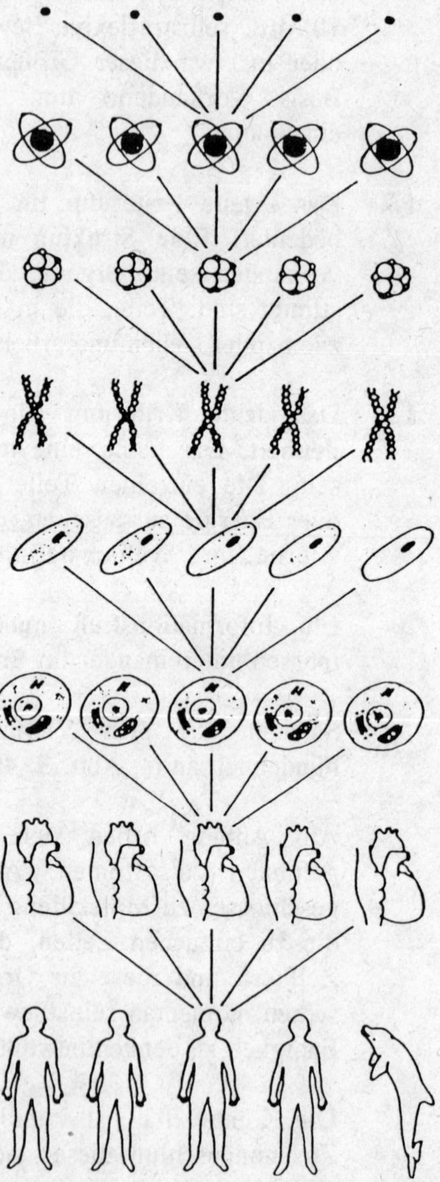

Quelle: vgl. Russell a.a.O.

Die erste Voraussetzung für den neuen Evolutionssprung verlangt, daß die Komplexität stark zunimmt. Prüfen wir, ob die Kriterien Vielfalt, Organisiertheit und Verbundenheit erfüllt sind.

1.1) Die Vielfalt nimmt zu

Wir brauchen uns nur umzusehen: mehr Berufe, Kulturen, Nationalitäten hat es nie gegeben. Sie können die Menschheit einteilen, wie Sie wollen. Welches Kriterium Sie auch nehmen, die Vielfalt steigert sich ständig. Vom Punker bis zum Manager. Zum Beispiel die Religionen: Früher gab es vielleicht 5, 6 große Weltreligionen, heute gibt es schon etliche tausende. Es werden immer mehr Gruppen. Es wird immer differenzierter, immer vielfältiger und komplexer.

Die Anzahl der Menschen nimmt ständig zu. Wir haben jetzt über 5 Milliarden. Wir gehen also auf die **10 Mrd. Einheiten sich selbst bewußter Lebewesen** zu. Wir sind an der kritischen Schwelle angelangt, an der etwas Neues entstehen kann, ja, "entstehen muß".

Die Wachstumsrate der Bevölkerung läßt sich am deutlichsten darstellen anhand ihrer Verdoppelungszeit. 1000 vor Christus lag die Verdoppelungszeit der bekannten Erdbevölkerung bei 500 Jahren, im 17. Jahrhundert bei 300 Jahren und in den 1960er Jahren betrug sie 35 Jahre. Seither nimmt sie wieder ab.
Die UN, die Weltbank und eine amerikanische Universität haben berechnet, daß sich das Bevölkerungswachstum etwa **zwischen 8 und 11 Milliarden Menschen konsolidieren** wird. Das ist interessant: 8 bis 11 Milliarden, dazwischen liegt die Zahl 10 Milliarden. Ausgerechnet dort könnte sich das Wachstum der Menschheit konsolidieren! Damit haben wir einen deutlichen Hinweis darauf, daß die erforderliche Anzahl erreicht ist, die als kritischer Faktor der Vielfalt gilt.

1.2) **Die Organisiertheit nimmt zu**

Die Organisation zwischen den Menschen, die Arbeitsteilung war nie größer. Ein einfaches Beispiel: Sie wollen sich einen Beutel Milch holen und fahren mit dem Auto ins nächste Einkaufszentrum.

Überlegen Sie einmal, wie viele tausend verschiedene Funktionen bereits bei so einer Kleinigkeit benötigt werden. Die Verpackungs-, Kunststoff-, Auto-, Bau-, Nahrungsmittel-, Kautschuk-, Elektro-Industrie, die Computer- und Softwarefirmen, die Händler, Handwerker und, und, und ... Es gibt heute kaum mehr einen Handgriff, bei dem nicht viele hundert verschiedene Funktionen mitbenötigt werden.

Die Organisiertheit der Menschen **nimmt** auch **weltweit zu**. Denken Sie an große Komplexe wie die UN, die EG, die EFTA, die NATO, die OPEC und Wirtschaftskonzerne, die international arbeiten, seit einigen Jahren auch Umweltschutzverbände wie Greenpeace und WWF.

1.3) **Die Verbundenheit nimmt zu**

Die weltweite Organisiertheit bedingt einen immer stärkeren **Informationsfluß** und Informationsaustausch auf allen Ebenen. Hier tut sich am meisten. Wir organisieren Information nicht nur in uns, wir teilen sie auch mit anderen Menschen.

Mit unzähligen neuen immer schnelleren, **leistungsfähigeren Kommunikationsmitteln** beginnen wir, uns auf der Ebene der Information, des Geistes, des Bewußtseins immer stärker untereinander zu vereinen.

Das **erste Kriterium** für einen Evolutionssprung ist damit **erfüllt: die Komplexität nimmt stark zu!**

Das zweite Anzeichen lautet:

2. Die Entropie nimmt stark zu

Was bedeutet das? Definieren wir wiederum zuerst den Begriff. Auch hier hilft uns die Physik weiter. Aus der klassischen Physik kennen wir den "**zweiten Grundsatz der Thermodynamik**", der besagt, daß bei jedem Umwandlungsprozeß die frei verfügbare Energie immer weniger wird, obwohl die Gesamt-Energie erhalten bleibt.

Einfach erklärt: Wenn Sie ein Stück Holz nehmen und es anzünden, dann wird Energie in Form von Wärme frei. Sie können diese sinnvoll nutzen, indem Sie Maschinen mit dieser Wärme betreiben, Strom oder Licht daraus gewinnen. Sie können dieses Stück Holz aber nie wieder verbrennen.

Die für Arbeit verfügbare Energie ist verloren. Sie haben zwar Rauch, Asche und Wärme, aber wenn Sie alles zusammentun, wird es nie wieder ein Stück Holz sein.

Der 2. Grundsatz der Thermodynamik besagt: Die verfügbare Energie nimmt ab. Anders ausgedrückt, die Entropie nimmt zu. Entropie ist ein Begriff für Unordnung, für Chaos, aber auch für nicht mehr verfügbare Energie. Dieses Gesetz gilt für alle physikalischen Systeme.

Jeder, der jetzt weiterdenkt, muß sich sagen: "Da stimmt doch was nicht; für Lebewesen kann das doch nicht gelten." Alle lebenden Systeme widersprechen anscheinend diesem Grundsatz der Thermodynamik. Denn lebende Systeme, das haben wir gerade festgestellt, werden immer vielfältiger, organisierter und komplexer. Widerspricht das nicht offensichtlich dem zweiten Grundsatz der Thermodynamik?

Eine schwierige Frage für die Naturwissenschaften bis vor ein paar Jahren. Es ist aber kein Widerspruch, denn die Grundsätze der Physik (wie auch der Lehrsatz der Thermodynamik) gelten, und das ist ganz wichtig, nur für **geschlossene Systeme**. Würden Sie etwas so schließen, daß nichts rein noch raus kann, auch keine Strahlen, dann gilt der thermodynamische Grundsatz in diesem geschlossenen System.

Aber es gibt in der Natur keine geschlossenen Systeme, sondern nur **offene, dynamische Systeme**. Nur gab es bisher keine naturwissenschaftlichen Modelle, die mit soviel nicht linearen Variablen und gegenseitigen Abhängigkeiten umgehen konnten.

Erst die Physik hat Dynamik in unser zwei jahrhunderte-langes, mechanistisches, kausallogisches, kartesianisches Weltbild gebracht, vor allem mit **Heisenbergs Quantentheorie**.

In den siebziger Jahren ist es dem belgischen Physio-Chemiker **Ilya Prigogine** gelungen, diese offene Dynamik in die Chemie zu übertragen. Es ist ihm gelungen, etwas zu beweisen, was unser altes Weltbild grundlegend erweitert.

Hans-Peter Dürr, Leiter des Max-Planck-Instituts, hielt dies 1985 in einer Diskussionsveranstaltung für die wahrscheinlich bemerkenswerteste Entdeckung unserer Zeit. Seit der Quantenmechanik könnte dies vielleicht die wichtigste naturwissenschaftliche Arbeit überhaupt sein.

Ilya Prigogine hat 1977 dafür den Nobelpreis erhalten. Seine Entdeckung nannte er "**dissipative Strukturen**".

Wir sprechen heute - auf deutsch - von "offenen, dynamischen Systemen". Diese Systeme unterscheiden sich in einem Punkt wesentlich von geschlossenen Systemen: Sie erzeugen zwar auch Entropie, also Unordnung, aber sie **geben diese Unordnung an die Umwelt ab** (erstes entscheidendes Unter-Kriterium!).

Dissipare (lat.) heißt: abgeben an die Umwelt. Das bedeutet: lebende Systeme, dissipative Strukturen, leben ihre innere Organisiertheit, ihre Komplexität, ihre Ordnung nur zu Lasten ihrer Umwelt. Sie organisieren sich ständig höher und geben die dabei entstehende Entropie an die Umgebung ab.

Dabei werden **ständig mehr Materie und Energie** aufgenommen, **umgesetzt** und abgegeben (zweites entscheidendes Unter-Kriterium).

Jeder aktive Organismus wahrt also seine innere Ordnung auf Kosten seiner Umgebung.

Selbstorganisierende Systeme werden mehr und mehr entdeckt. Wahrscheinlich sind alle Lebensstrukturen wie das Zellwachstum, die Gehirnfunktionen, die menschliche Gesellschaft, unser Wirtschaftssystem und Gaia auch selbststeuernde, offene, dynamische Systeme, die ihre innere Organisiertheit steigern auf Kosten ihrer Umwelt.

Das Wesentlichste für uns aus der umfangreichen Arbeit Prigogines: Da die Systeme selbstregulierend funktionieren, sind sie in der Lage, sich in einer gewissen Bandbreite auf ihre Umwelt einzustellen und **Schaden** von außen zu überwinden, sich selbst in gewissen Grenzen **zu heilen**. Wird die störende Veränderung, die "**Fluktuation**", zu stark, kann das System natürlich auch **zusammenbrechen** und zerstört werden.

Es kann aber auch etwas ganz anderes passieren, und darin liegt der eigentliche Wert von Prigogines Entdeckungen: Es kann dazu kommen, daß die Prozesse, die zwischen den Strukturen ablaufen, urplötzlich zu etwas Neuem führen, was **niemand vorhersehen** und keiner berechnen kann, was sich jeglicher Prognose entzieht.

Ein Beispiel für die Unberechenbarkeit ist leicht zu finden:

> Wenn ich einem Ingenieur die Masse, die Geschwindigkeit, die Bewegungsrichtung und die Reibung von zwei aufeinanderprallenden Billiardkugeln nenne, kann er ganz exakt die Endlage beider Kugeln berechnen.
>
> Wenn ich ihm die Masse, die Geschwindigkeit, die Bewegungsrichtung und die Reibung von meinem Fuß nenne, mit dem ich nach einem Hund trete, kann er nicht das geringste voraussagen über die Endlage von Fuß oder Hund (vgl. Abb.).

Es kann passieren, daß ein dissipatives System, das sehr stark unter Veränderung seiner Umwelt (unter großen Fluktuationen) leidet, etwas **völlig Neues** erzeugt. Es vollzieht dann eine Art Evolutionssprung und bildet auf einer **neuen, höheren Organisationsebene** ein **stabiles neues Gleichgewicht**.

Nachdem wir nun auch das zweite Kriterium (Entropie) für einen Evolutionssprung kennen, wollen wir die gegenwärtige Situation der Menschheit auch auf die beiden Unter-Kriterien hin überprüfen.

2.1) **Die Unordnung in unserer Umgebung steigt**

Wir können die Richtigkeit dieser Aussage sowohl in der **Natur** als auch in der **menschlichen Gesellschaft** nachvollziehen (soziale Unruhen nehmen zu, die Kriminalitätsrate steigt in diesem Jahrhundert ganz beträchtlich).

Schauen Sie unsere **Umwelt** an: sterbende Wälder, sauere und verkarstende Böden, mit Abgasen verschmutzte Luft, verdreckte Meere, vergiftete Flüsse und abgestorbene Seen - weltweit.

Jeder erkennt schnell, daß hier unbestreitbar **chaotische Belastungen** vorhanden sind und daß sie sogar noch weiter zunehmen - trotz Magnetfeldschwund, Ozonloch, Klima-Katastrophe, Rohstoffknappheit ...

2.2) **Der Durchfluß von Energie und Materie steigt**

Wir haben niemals in der Geschichte der Menschheit mehr Energie verbraucht als im Augenblick, und der Verbrauch nimmt ständig zu. Wir haben niemals mehr Materie (Rohstoffe) verbraucht als im Augenblick.

Wir brauchen im Moment zur Nahrungsmittel-Erzeugung 50mal mehr Energie, als wir aus den Nahrungsmitteln wieder Energie für uns gewinnen. Wir verschwenden Energie und Materie in unglaublichem Ausmaß.

Wir **verbrauchen** zur Zeit **Rohstoffe** (Materie) **und Energie** - Holz, Kohle, Öl, Gas, Torf, Böden, Mineralien, Metalle, ... - die Millionen, teilweise sogar **Milliarden Jahre für den Aufbau gebraucht** haben, **binnen Tagen** oder gar Stunden. Wir haben also zur Zeit einen enormen Durchfluß von Energie und Materie. Und der Verbrauch steigt unablässig - trotz Umweltzerstörung.

Das heißt, auch die Bedingungen für die **Entropie-Zunahme** sind zur Zeit ganz eindeutig **erfüllt**.

Das soll als Beleg für das "**JA - wir stehen vor einem Evolutionssprung**" genügen.

KAPITEL 5

AUSWIRKUNGEN DES INFORMATIONSZEITALTERS AUF DIE EVOLUTION

Im Jahr 1800 waren **70%** der Beschäftigten in der **Lebensmittel-Produktion** tätig. Heute sind es weniger als **3%** (s. Abb. S 50).

Das **Industrie-Zeitalter** begann nach der Französischen Revolution und nahm in der zweiten Hälfte des 19. Jahrhunderts seinen großen Aufschwung. Um 1900 gab es bereits mehr Beschäftigte in der Industrie als in der Lebensmittel-Produktion. Ihre höchste Blüte erreichte die Industrialisierung zu Beginn des 20. Jahrhunderts.

Seit den 30er Jahren sind die Zahlen der Beschäftigten in der Industrie (Produktion) rückläufig, in den letzten zwei Jahrzehnten besonders stark.

Dafür wird der neue **Produktionsfaktor Information** immer bedeutender. Er hat in den 70er Jahren auch bei uns in Deutschland von der Beschäftigtenzahl her die Produktion übertroffen.

Die Zahl der Beschäftigten allein sagt noch nichts über Ausstoß und Leistung. Der **Output** von den heute 3% in der Landwirtschaft Tätigen liegt weit über dem, was die 70% leisten konnten vor 200 Jahren. Der Ausstoß von den etwa 15%, die noch in der reinen Fertigung tätig sind, liegt natürlich **hundertfach höher** als der, der etwa 60%, die 1920 in der verarbeitenden Industrie tätig waren.

Die Automatisierung und Roboterisierung schreitet unaufhaltsam voran. Es werden weitere Arbeitsplätze frei für den Sektor Informationsverarbeitung und -übermittlung. (Dazu gehören Medien, Bücher, Zeitungen, Computer, Presse, Film, Fernsehen, Rundfunk, Lehrer, Berater ...).

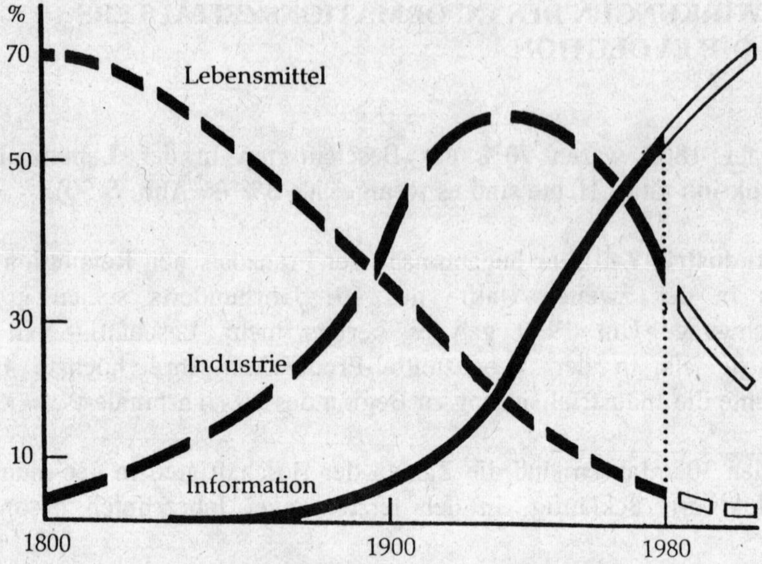

Beschäftigte in Landwirtschaft, Industrie und Informationsverarbeitung in Prozent der Gesamtheit aller Arbeitskräfte

Quelle: vgl. Russell a.a.O.

Die Informationsverarbeitung wird sicher noch kräftig weiterwachsen bei den enormen Leistungssteigerungen, die **neue Computer** und Anwender-Software aufweisen werden.

Ein Blick auf die kurze Entwicklungsgeschichte des wichtigsten informationsverarbeitenden Mediums, des Computers, verdeutlicht die unglaublichen Fortschritte auf diesem Sektor. Erinnern Sie sich noch?

> Die **erste Generation** Elektronengehirne in den 50er Jahren funktionierte mit **Röhren**.
>
> Die **zweite Generation** in den 60er Jahren hat mit **Transistoren** gearbeitet und Rechengeschwindigkeit, Speicherfähigkeit, Zugriffszeiten usw. um mehrere Dezimalstellen erhöht.
>
> Die **dritte** Computer-**Generation** in den 70er Jahren benutzte **integrierte Schaltkreise**. Auch sie verschwinden allmählich in den Mülltonnen der Vergangenheit, obwohl sie wieder wesentlich höhere Leistung brachten als die vorhergehenden.
>
> Die **vierte Generation** arbeitet mit **Chips**. Ein Chip von den allerersten, die wir 1980 im Einsatz hatten, hatte mehr Rechen- und Speicherfähigkeiten als alle Computer von 1950 zusammen. Seit 1980 wird die Leistungsfähigkeit der Chips jährlich auf mindestens das Doppelte gesteigert. Grenzen sind noch nicht auszumachen.
>
> Die **fünfte Generation** wird noch etwa 100mal schneller sein, wesentlich weniger Energie verbrauchen, eine viel höhere Speicherfähigkeit haben und eine **weitere enorme Miniaturisierung** zulassen.

Bereits 1985 berichteten Siemens-Führungskräfte im Bildungszentrum der Schule für Datentechnik von überraschend großem Interesse an neuen Technologien auf einem Spezialgebiet der Mikroelektronik.

Zu einem Kongreß über **Bio-Elektronik** (Speicherfähigkeit durch Viren oder genetische Bausteine anstelle der bisher üblichen photo-optischen Verkleinerung von Chips) kamen statt der erwarteten 5 bis 10 interessierten Unternehmen weit über 200 Firmen, die auf diesem Sektor bereits intensiv Forschung betrieben.

Expertensysteme und **Artificial Intelligence** - "Künstliche Intelligenz" entstehen. Multi-Tasking, Parallel-Computing und viele andere neue Techniken ermöglichen ständig neue Leistungssteigerungen.

Auch die **sechste** Computer-**Generation** dürfte nicht mehr weit sein, und es stellt sich die Frage: Wann kommen "intelligente" Maschinen, die selbst noch bessere Computer entwerfen und entwickeln, die weiteres exponentielles Wachstum ermöglichen? Voraussagen für die nächsten Jahre sind praktisch morgen schon wieder Vergangenheit.

Theo Lutz, Sprecher für Öffentlichkeitsarbeit und Zukunftsprognosen der IBM Deutschland, sagte schon Mitte der 80er Jahre: "Wir sind heute nicht in der Lage vorherzusehen, was wir in fünf Jahren produzieren können, weil mit Hilfe der neuen Technologie ganz neue Prozesse in Gang gesetzt werden. Die **Entwicklungsgeschwindigkeit nimmt** auf diesem Sektor **unglaublich zu**."

Gleichzeitig nimmt der Energiebedarf dafür erheblich ab. Es ist theoretisch möglich, daß jeder Mensch auf diesem Planeten einen Computer betreiben kann, ohne daß der Energiehaushalt der Welt dadurch in Gefahr gerät. Neueste PC brauchen erheblich weniger Strom als frühere. (Die Produktion der PC würde allerdings sehr viel Energie und Rohstoffe kosten.)

Seit den 70er Jahren entstehen viele **Datenbanken** und Computer-**Netzwerke**. Dadurch **vertausendfacht** sich der weltweite **Informationsfluß** jährlich.

Die Zahl der Computer-Netzwerke und ihrer Benutzer steigt sprunghaft. Sie verdoppelt sich etwa alle zwei Jahre, in manchen Bereichen sogar noch schneller.

Das bringt uns zurück zu unserer Ausgangsfrage:

Welche Rolle spielt die Menschheit in der Evolution?
Entsteht das Globalhirn dieses Planeten aus uns Menschen?
Vollzieht sich in der Menschheit jetzt etwas Analoges wie im Sektor Kommunikations-Technologie?

Im Moment kommen wir aus der Periode der massiven **Zellvermehrung** heraus. Jetzt kann die **Verknüpfung** der Zellen mit voller Energie vorangetrieben werden.

Sie kennen alle diese **zwei Phasen** von der Entstehung eines Lebewesens. Sie wissen: bei der Entstehung eines menschlichen Fötus nach der Zeugung wächst zunächst sein Gehirn. In wenigen Monaten findet eine enorme Zellvermehrung statt. Bei der Geburt hat der Mensch bereits alle Gehirnzellen, die er sein Leben über haben wird und die sich auch nicht erneuern.

Später, in den ersten drei Monaten nach der Geburt, kommt es zur **Vernetzung der Gehirnzellen** untereinander. Sie werden durch viele tausend Synapsen eng miteinander verbunden.

Diese Verknüpfung (direkte "Verdrahtung") ist in unserem Gehirn viel höher als in jedem Computer - teilweise haben Zellen 10.000 und mehr Direktverbindungen zu anderen Zellen. **Frederic Vester** hat dies in seinem Bestseller "Denken, Lernen, Vergessen" anschaulich beschrieben und bebildert.

Am Beginn dieser Phase wachsender Verbundenheit befindet sich die Menschheit jetzt. Es scheint so, als kämen wir aus der Vermehrungsphase heraus.

Die Wachstumsrate der Weltbevölkerung nimmt bereits seit einigen Jahren ab. Wenn die Prognosen stimmen, haben wir bald die Schwelle erreicht, an der wir uns einpendeln könnten - bei etwa 10 Milliarden Menschen.

Daß die Vernetzung gerade jetzt stattfindet, ist faszinierend. Ausgerechnet in dem Moment, in dem wir die wachsende Verbundenheit, den Informationsaustausch dringend brauchen, ausgerechnet zu diesem Zeitpunkt erfinden wir die dazu nötigen Techniken, Verfahren und Medien, die uns erlauben, diesen Evolutionsschritt auch praktisch zu vollziehen.

Ich überlasse es Ihnen, ob Sie dies als "Zufall" einschätzen wollen oder als einen weiteren Hinweis auf ein selbststeuerndes, selbstregulierendes Gesamtsystem: GAIA.

Wenn Sie sich die **Aktions-Ströme** unseres Planeten **vor 100 Jahren** aus dem Weltall angeschaut hätten, so hätten Sie ein **totes** Trum **Stein** von draußen wahrgenommen, auf dem es ab und zu mal ein elektromagnetisches Flimmern gegeben hat, wenn ein Blitz oder ein Magnetsturm ausgelöst wurde.

Wenn Sie sich **heute**, nur 100 Jahre später, unseren Planeten von ferne anschauen, dann registrieren Sie ein irrsinniges **Blitzlicht-Gewitter von Signalen** (Radar, Funk, Radio, Telefon, Fernsehen, Computer-Datennetze), Raketen, Flugzeugen, Satelliten, die durch die Atmosphäre wirbeln und sogar schon die umliegenden Planeten erforschen.

Alle senden und schicken Energien nach draußen. Hier ist offensichtlich etwas **zum Leben erwacht**, was bis vor kurzem noch nicht aktiv war.

Wir wollten prüfen, ob ein Evolutionssprung bevorsteht. Wir haben gesehen, die Kriterien sind erfüllt. Komplexität und Entropie (Unordnung) in der Welt nehmen zu.

Das heißt, die Situation, die wir momentan erleben, z.B. die extreme Vermehrung der Menschheit in der dritten Welt, ist kein Grund für eine Weltuntergangs-Prognose, sondern eine **notwendige Voraussetzung für eine neue höhere Evolutionsstufe**.

Die Umweltbelastung und -verschmutzung, das politische Durcheinander, der Verbrauch von Materie und Energie können nicht nur als Indizien für eine Untergangs-Prophezeiung, sondern genausogut als **Voraussetzung für eine neue Entwicklung** gewertet werden. Wir können unsere momentan schlimme Situation also auch positiv bewerten.

Damit kommen wir zurück zur 2. Kardinalfrage:

> Steht der nächste Evolutionssprung (die notwendige Neuordnung) **unmittelbar** bevor?
>
> Kann es sein, daß **wir** ihn noch **erleben**? Oder reden wir über Dinge, die unsere Enkelkinder betreffen?

Ich bin der festen Überzeugung, daß der nächste Evolutionssprung in den kommenden Jahrzehnten ansteht. Viele wissenschaftliche Daten zeigen dies an. Einen möglichen Beweis dafür liefert Ihnen unser sechster Gliederungspunkt.

KAPITEL 6

DIE BESCHLEUNIGUNG DER EVOLUTION

Von der Zeit unserer Großeltern sagen wir voll Nostalgie, das waren die gemütlichen 20er Jahre, da **ging alles ruhiger zu**.

Diese Aussage ist in übertragenem Sinne sehr richtig. Nur, sie trifft nicht bloß auf die 20er Jahre zu, sondern sie trifft schon seit 15 Milliarden Jahren zu. Die **Evolution beschleunigt sich seit dieser Zeit** deutlich und mit zunehmender Geschwindigkeit.

Jede neue Erscheinungsform hat, wie Sie schon aus Kapitel 2 wissen, eine breitere Grundlage geschaffen für neue Entwicklungen. Je mehr Artenvielfalt vorhanden war, desto größer war die Möglichkeit, zu kombinieren und etwas Neues entstehen zu lassen. Da die nächste Stufe immer auf den vorhergehenden aufbauen konnte, konnte die Evolution immer schneller voranschreiten.

Mein Berater-Kollege **Peter Russell** (englischer Mathematiker, Physiker, Psychologe, Meditationslehrer) hat die zunehmende Beschleunigung der Evolution sehr eindrucksvoll in seinem Bestseller "**Die erwachende Erde**" beschrieben, und zwar als Film mit dem Titel "**Epos des Alls**". Darin sind 15 Mrd. Jahre auf die Filmdauer von einem Jahr zusammengeschnitten. Ich zitiere:

> "Der Urknall, mit dem der Film beginnt, ist schon in einer hundertmillionstel Sekunde vorbei. Das Universum kühlt sich rasch ab, und innerhalb von **25 Minuten** haben sich stabile Atome gebildet.
>
> Den Rest des ersten Tages, ja den ganzen **Januar** hindurch geschehen keine bedeutenden Veränderungen mehr; alles, was wir sehen, ist eine expandierende Gaswolke.

Im **Februar** und **März** verdichtet sich diese allmählich zu Haufen von Galaxien und Sternen. Während die Wochen und Monate dahingehen, explodieren ab und an Sterne zu Supernovae, und aus den Trümmern kondensieren neue Sterne.

Zur Bildung unserer eigenen Sonne und unseres Sonnensystems kommt es schließlich Anfang **September** - nach nunmehr schon acht Monaten Film.

Nachdem jetzt die Erde entstanden ist, geht es **ein wenig schneller** voran. Es bilden sich komplexe Moleküle, und zwei Wochen später erscheinen einfache Algen und Bakterien.
Dann kommt eine relative Flaute, während der die Bakterien langsam evolvieren und eine Woche lang die Photosynthese entwickeln. Die daraus folgende Anreicherung der Atmosphäre mit Sauerstoff zieht sich fünf Wochen hin, bis Anfang **November**.

Innerhalb einer weiteren Woche bilden sich dann komplexe Zellen mit festen Kernen, was die sexuelle Reproduktion ermöglicht, und von dieser Stufe ab **beschleunigt sich die Evolution** wieder.

Wir haben inzwischen Ende November, und der größte Teil des Films ist bereits abgelaufen. Dabei hat die Evolution von Leben gerade erst begonnen.

Anfang **Dezember** erscheinen die ersten einfachen vielzelligen Organismen, und etwa eine Woche später kriechen die ersten Wirbeltiere aus dem Meer ans Land. Fast die ganze letzte Woche des Films, von Weihnachten bis zur Mitte des 30. Dezember, beherrschen Dinosaurier das Land.

Gegen **Mittag des letzten Tages** treten dann unsere noch affenähnlichen Urahnen auf, aber erst ab 23 Uhr gehen sie aufrecht. Jetzt, nach 365 Tagen und Nächten Film, kommen wir zu einigen der faszinierendsten Entwicklungen.

Eineinhalb Minuten vor Mitternacht bildet sich die menschliche Sprache. In der letzten halben Minute beginnt der Ackerbau.

Fünfeinhalb Sekunden vor Filmende wird Buddha unter dem Bodhi-Baum Erleuchtung zuteil, und eine Sekunde später erscheint Jesus Christus.

In der letzten halben Sekunde vollzieht sich die industrielle Revolution, und in der Zeit von weniger als einer **Zehntelsekunde** vor 24 Uhr läuft der Zweite Weltkrieg ab.

Wir sind jetzt angelangt beim letzten Einzelbild, den letzten zweieinhalb Zentimetern eines etliche hundert Millionen Meter langen Films.

Der Rest der Zeitgeschichte vollzieht sich im Bruchteil eines Augenblicks, dauert kaum länger als der Knall, mit dem der Film begann. Und dabei beschleunigt sich die Evolution immer noch weiter, ohne daß sich ein Nachlassen dieser Akzeleration abzeichnet."

Wer die Geschichte des Universums so in einem Ein-Jahres-Zyklus betrachtet, kann erst verstehen, wieviel schneller die Evolution wird und daß sie nie linear abgelaufen ist, sondern sich immer sprunghaft entwickelt hat.

Die Frage ist:

Stehen wir wieder an einer Stelle, an der ein Sprung bevorsteht? Vieles spricht dafür.

Fünf Beispiele aus fünf verschiedenen naturwissenschaftlichen Bereichen könnten dies belegen. Beispiele, die gleichzeitig die zunehmende Beschleunigung der Evolution heute eindrucksvoll belegen.

Beispiel 1: **Biologie**

Die Menschheit lernt im Augenblick, die **Gene** in einer Zelle zu **modifizieren**, also aktiv in den Schöpfungsprozeß einzugreifen, aktiv Lebewesen zu produzieren oder zu verändern.

Die **letzte vergleichbare Neuerung** war die Entwicklung der **sexuellen Reproduktion** vor 2 Milliarden Jahren, und die hat 1 Milliarde Jahre gedauert.

Was sich in der Forschung in 10 Jahren vollzogen hat, hat die Natur früher einen unvorstellbar langen Zeitraum gekostet. Die neuen Lebensformen, die die Biologen schaffen können, brauchen in ihrer Entwicklung nicht mehr dem langsamen Prozeß von Versuch und Irrtum zu folgen wie die natürliche Zuchtauslese (nach der Darwinschen Vererbungslehre). Sie lassen sich jetzt gezielt entwerfen und innerhalb von Monaten hervorbringen.

Evolutionsmäßig ist das ein überaus bedeutsamer Schritt (wenn auch ein bedenkenswerter, weil mit unkalkulierbaren Risiken verbundener Schritt).

Beispiel 2: **Atomphysik**

In der Atomphysik gelingt es uns Menschen heute, durch Kernbeschuß in Teilchenbeschleunigern **neue Elemente** zu erzeugen.

Etwas Ähnliches ist **auf diesem Planeten überhaupt noch nicht dagewesen**. Schwere Elemente zu erzeugen - also in die Schöpfungsgeschichte der Materie einzugreifen - war der letzten Supernova-Explosion in diesem Teil unserer Galaxis vorbehalten, und das war lange vor Entstehung unseres Sonnensystems (vor mehr als 5 Milliarden Jahren).

Beispiel 3: **Energiequellen**

Früher galt: "Alle Energie stammt von der Sonne." Das war auch richtig. Holz, Torf, Öl werden durch Photosynthese aufgebaut. Irgendwann war Photosynthese nötig, um Energien, die der Mensch heute nutzt, aufbauen zu können.

Heute haben wir eine neue Möglichkeit gewonnen durch die Entwicklung von **Solarzellen, Sonnenenergie** in nutzbare Energie umzusetzen. Dazu gewinnen wir sie auch noch direkter, schneller und mit einem viel höheren Nutzungsgrad, als es durch die fast 4 Mrd. Jahre alte Photosynthese möglich ist.

In den **Wasserstoff-Fusions-Reaktoren** versuchen wir sogar, den Energie-Erzeugungsprozeß der Sonne nachzubauen und direkt zu nutzen.

Beispiel 4: **Mobilität**

Die Menschheit lernt im Augenblick, sich von diesem Planeten wegzubewegen, sich andere Planeten zu erschließen, den **Weltraum** zu **besiedeln**.

Das ist etwa vergleichbar mit der möglichen Besiedlung unserer Erde durch Eiweißbausteine und Aminosäuren aus dem Weltraum bei Entstehung des Planeten vor über 4 Milliarden Jahren.

Oder vergleichbar mit der Eroberung des Landes durch die Pflanzen und Tiere. Auch das ist schon über 400 Millionen Jahre her.

Beispiel 5: **Kommunikation**

Die Veränderungen im Bereich der Kommunikation mögen uns vielleicht am deutlichsten helfen, die vehement zunehmende Akzeleration der Evolution noch besser zu verstehen.

Die Menschen lernten Informations-Menge, -Qualität und -Verfügbarkeit nicht nur exponentiell, sondern sogar superexponentiell zu steigern durch die Erfindung der **Sprache**. Diese ermöglichte überhaupt erst größeren **Informationsaustausch** zwischen zwei Teilen.

Zeichnung und **Schrift** erlaubten das Festhalten über die Zeit hinweg, also das Speichern von Informationen. **Druck, Fotografie**, usw. brachten massenhafte und schnelle **Vervielfältigung**.

Die bedeutendsten Erfindungen, die wahrscheinlich größten Einfluß auf die Evolution dieses Planeten haben werden, sind aber die **informationsverarbeitenden Medien** und die **Telekommunikation über Satelliten** zu Beginn des Informations-Zeitalters.

John Naisbitt, berühmter Trendforscher aus USA, hat in seinem Bestseller "Megatrends" den Beginn des Informations-Zeitalters als den Zeitpunkt beschrieben, als es uns gelang, Computer und Satelliten zu bauen.

ISDN wird uns schon bald die Übermittlung von Daten, Texten, Bildern und Sprache auf nur einem Netz erlauben. Damit ist die Voraussetzung gegeben, Unmengen von Informationen **weltweit blitzschnell auszutauschen**.

Eine solche Entwicklung hat in der Evolution etwa vor 1 Milliarde Jahren mit der Bildung von vielzelligen Organismen und der Entwicklung von Nervensystemen eingesetzt.

Alle aufgezählten Erfindungen auf einem Forschungsgebiet kommen allen anderen zugute und lassen ungeahnte neue Möglichkeiten entstehen. Diese wirken wieder **cross-katalytisch** zurück auf alle anderen Wissensgebiete.

Wenn z.B. in der Computertechnik ein Fortschritt erzielt wird, ermöglicht dies automatisch einen Fortschritt in der Biologie, Chemie, Mathematik, Astronomie, im Anlagenbau ... Dieser neue Fortschritt in den verschiedenen Wissensbereichen wirkt sich wieder auf die Kommunikationstechnologie aus und so fort. Das trägt ständig dazu bei, daß die Entwicklungsgeschwindigkeit immer höher wird.

Zwei treffende Zitate sollen die Überlegungen zur Beschleunigung unserer Evolution abschließen.

Peter Russell:

> "Würde sich heute auch nur eine dieser Entwicklungen vollziehen, lebten wir bereits in einer evolutionsmäßig bedeutsamen Zeit. Aber die Tatsache, daß diese gewaltigen Veränderungen jetzt alle gleichzeitig erfolgen, läßt darauf schließen, daß wir uns inmitten einer Phase befinden, für die es in der Evolution noch keinen Präzedenzfall gegeben hat."

John Platt, Systemtheoretiker, der sehr viel über Evolutionsbeschleunigung veröffentlicht hat, (in "The Futurist"):

> "Sprünge um so viele Größenordnungen, auf so zahlreichen Gebieten und mit so häufiger Gleichzeitigkeit sowie die auffallende Unruhe des Planeten sind sichere Anzeichen dafür, daß wir keinen sanften Zyklus oder Akzelerationsprozeß ähnlich denen in historischer Vergangenheit durchlaufen.
>
> Jeder, der einsieht, daß es in der Evolution oder in der Menschheitsgeschichte plötzliche Sprünge gegeben hat, wie die Erfindung des Ackerbaus oder die industrielle Revolution, muß aus diesen Evidenzen folgern, daß wir jetzt bei einem weiteren solchen Sprung sind, der jedoch viel konzentrierter und intensiver ist und evolutionsmäßig noch weit bedeutsamer."

Damit ist die **Beweisführung abgeschlossen** zu unserer Aussage:

> "Stehen wir vor einem Evolutionssprung? Ja, unmittelbar!" (vgl. Kapitel 4).

Ja, ein solcher Evolutionssprung kann eintreten. Wir erfüllen die Bedingungen zunehmende Komplexität und Entropie, die beiden Hauptvoraussetzungen für Evolutionssprünge.

Und ja, diese Entwicklung steht **unmittelbar** bevor. Die Zunahme der Akzeleration (der Beschleunigung) der Evolution ist so hoch wie nie zuvor. Im Moment herrscht so viel Unruhe in unserem System, in allem, was die Menschheit geschaffen hat, daß ein solcher Schritt sich sogar aus Gründen der Systemerhaltung notwendigerweise aufdrängt.

KAPITEL 7

WIE KÖNNTE DIE NÄCHSTE EVOLUTIONSEBENE AUSSEHEN?

Um diese Frage genau beantworten zu können, müßten wir Hellseher werden. Noch können wir kaum erkennen, wohin uns die Erfindungen der Informationstechnik führen werden. Wieviel schwerer sind konkrete Vorhersagen für einen noch viel tiefgreifenderen Umwälzungsprozeß.

Trotzdem will ich einige Aussagen dazu wagen, denn es gibt sehr viele Hinweise darauf, und zwar schon seit Jahrtausenden. Allerdings müssen wir dazu Aussagen von Religionsgründern, Philosophen, erleuchteten Wahrheitslehrern und Mystikern mitheranziehen.

In fast allen diesbezüglichen Schriften gibt es eindeutige Hinweise auf die Entwicklung eines "**Kollektiven Bewußtseins**", eines "**Kosmischen Bewußtseins**", die Erfahrung des "**Einsseins mit allem**", des "**Erkennens aller Zusammenhänge**" des "**göttlichen Prinzips der Schöpfung**", des "**Wassermann-Zeitalters**" ...

Doch was können wir uns konkret darunter vorstellen? Wenn wir uns die letzten Kapitel vor Augen führen, dann drängt sich folgender Gedanke auf:

So wie sich Materie zu lebenden Zellen organisiert hat und lebende Zellen sich zu vielzelligen Organismen zusammengeschlossen haben, so ist zu erwarten, daß sich die Menschen zu einem "**globalen sozialen Super-Organismus**" (Russell) **aus 10 Milliarden Individuen** integrieren, die **harmonisch, synergetisch** zusammenwirken.

Dabei entsteht mehr als nur ein lebendes System. Denn ein solcher globaler sozialer Super-Organismus bietet mehr Freiheit für alle seine Teile, weil sie **füreinander** und nicht im Wettbewerb gegeneinander leben.

Das bietet mehr Entwicklungsmöglichkeiten für jeden einzelnen, sein Selbst zum Ausdruck zu bringen und sich entsprechend seiner Eignung und Neigung zu spezialisieren. Denn Vielfalt wird ja nicht mehr gefürchtet, Andersartigkeit nicht mehr bekämpft wie bisher, sondern erwünscht und gefördert.

In dem Moment, in dem wir erkennen, daß **wir alle Teile eines einzigen Ganzen** sind - wie die Wellen im Ozean, wie die verschiedenen Zellen in unserem Körper - werden wir uns nicht mehr bekriegen, sondern **verstehen und ergänzen**. Die dadurch auftretende harmonische Vielfalt gibt eine neue unvorstellbar breite Basis für die weitere Evolution!

Ein menschlicher sozialer Superorganismus wird sich nicht auf physischer Ebene bilden wie bei großen Vogel- oder Fischschwärmen, die bereits als Einheit reagieren können. So wurden z.B. Fischschwärme mit weit über 50.000 Tieren beobachtet, die alle nahezu zeitgleich die Richtung änderten.

Der nächste Evolutionssprung setzt die Weiterentwicklung des menschlichen Geistes, die **Integration der selbstreflexiven Bewußtseinsteile** zu einem kollektiven Bewußtsein voraus.

Das impliziert ein **Zusammenkommen von Geistesinhalten**. Deshalb stellt Telekommunikation einen so unglaublich wichtigen Aspekt der gegenwärtigen Evolution dar. Sie ermöglicht den geistesverbindenden Prozeß zwischen Ost und West, Nord und Süd, alter und neuer Welt.

Kann es für Sie jetzt noch Zufall sein, daß wir gerade jetzt, wo wir die enge Informationsvernetzung so dringend brauchen, die größten Erfindungen in der Telekommunikation und der Datenverarbeitung machen?

Welche Gedanken finden wir bei den "Propheten" oder "Protagonisten" des neuen Zeitalters?

Der deutsche Philosoph **Georg Friedrich Wilhelm Hegel** sah den Sinn des menschlichen Daseins in der **Selbstverwirklichung des Absoluten**, das er "**Geist**" nannte. Das Sein ist für ihn ein sich selbst verwirklichender Geist, der erst durch seine Entwicklung Wirklichkeit wird. Er trägt sein Ziel - die Selbstentfaltung - als Zweck von Anfang an in sich. Alle Natur ist eine Art schlummernder Geist.

Ganz ähnliche Gedanken haben **Albert Einstein** und seine Schüler in der Theorie des "**vereinheitlichten Feldes**" formuliert. Derzufolge sollen sich alle Kräfte auf einen kleinsten gemeinsamen Nenner (Super-Strings) zurückführen lassen, eine Art **Gedankenenergie** oder Urbewußtsein.

Der amerikanische Physiker **David Bohm** entwickelte die Lehre von der "**eingefalteten Ordnung**". Involution = Einfaltung. Danach ist in aller Materie von Anfang an das Universum eingefaltet. In der Evolution = Ausfaltung beginnt das göttliche Bewußtsein sich wieder zu entfalten.

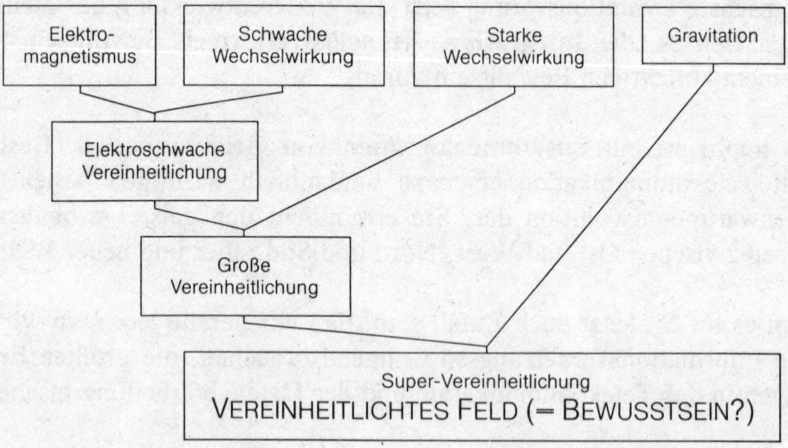

Das Vereinheitlichte Feld:
Kleinster gemeinsamer Nenner aller Fundamentalkräfte, letzte Wirklichkeit und Bewußtsein zugleich?

Quelle: Trendwende 8/86 a.a.O.

Der Philosoph, Geologe, Paläontologe und Jesuit **Pierre Teilhard de Chardin** sprach in Anlehnung an die Biosphäre von der "**Noosphäre**", worunter er **alle geistige Substanz** versteht.

Nach der Entwicklung der Erde und der Entwicklung des Lebens befinden wir uns demnach im Stadium der Entwicklung des Geistes, der "Planetisation der Menschheit" zu einer "in sich selbst geschlossenen höheren Einheit", der **Entstehung eines integrierten planetaren Bewußtseins**.

Die Transformation von Bewußtsein zu einem "**Supramental**", nannte **Sri Aurobindo** diesen Prozeß; zu einer **neuen Seinsebene über dem Denken** durch zunehmende **spirituelle Intensivierung** des Bewußtseins.

Wie lange wird es bis dahin noch dauern? Zunehmende Vielfalt, Organisiertheit und Verbundenheit, kombiniert mit der erwähnten gewaltigen Akzeleration, deuten an, daß wir uns bereits in einer Art Zwischenphase befinden und kurz davor stehen, mit historischen Mustern zu brechen. **Marilyn Ferguson, Hazel Henderson, Willis Harman, Erich Jantsch, Fritjof Capra** u.v.a. haben in ihren Veröffentlichungen deutlich auf die momentanen Paradigmenwechsel in allen Bereichen hingewiesen.

So wie in einer übersättigten chemischen Lösung ein **einziger stabiler Kristallisationskern** genügt, um die gesamte Lösung kristallisieren zu lassen (z.B. reicht in einem Glas Wasser mit darin gelöstem Salz ein Salzkristall, an dem sich alles Salz anlagern kann), so genügt es nach Ansicht von **Maharishi Mahesh Yogi** (Physiker und Lehrer für Transzendentale-Meditation), daß weit weniger als 1 Prozent der Bevölkerung ein z.B. **durch Meditation** (TM-Sidhi-Techniken) **erweitertes Bewußtsein** erfährt, damit der Weg frei ist, daß es allen anderen auch mühelos gelingt.

In dieser Ansicht steckt eine der optimistischsten Theorien zur Lösung aller unserer Weltprobleme derzeit.

Die Forscher an der Maharishi International University, MIU, Fairfield, Iowa, behaupten, einen signifikanten positiven Einfluß gleichzeitig Meditierender auf folgende 12 Kriterien kollektiver Lebensqualität nachweisen zu können:

1. Kriminalitätsrate
2. Prozentsatz ziviler Gerichtsstreitigkeiten
3. Rate der Infektionskrankheiten
4. Kindersterblichkeit
5. Selbstmordrate
6. Zigarettenkonsum pro Kopf
7. Alkoholkonsum pro Kopf
8. Bruttosozialprodukt pro Kopf
9. Patentanmeldungen
10. Zahl verliehener Bildungsgrade
11. Scheidungsrate
12. Verkehrsunfälle

David Orme-Johnson (MIU-Dozent) erklärt die früher rational schwer zugänglichen positiven Einflüsse so unterschiedlicher und anscheinend voneinander unabhängiger Phänomene u.a. mit **hochkohärenten Gehirnstrommustern** (EEG) der Meditierenden. Kohärenz verweist auf einen hohen Ordnungsgrad, auf Gleichklang, Übereinstimmung und hohe Synchronie (z.B. Laserlicht).

"In kohärenten Systemen tendieren die verschiedenen Muster dazu, sich gegenseitig zu verstärken ... Genau das ist es, was wir anscheinend in einer Gesellschaft beobachten können, die von einer TM-Gruppe beeinflußt wird." (Uebel) Wenn eine Gruppe gemeinsam meditiert, "zeigt die ganze Gesellschaft um diese Gruppe herum eine Tendenz hin zu Kohärenz ..."

Wen dieses faszinierende Thema näher interessiert, dem empfehle ich als leichten und schnellen Einstieg die glänzende Rezension von Jochen F. Uebel "Globale Bewußtseinsprojekte (1)" in "Trendwende" Nr. 8/1986.

Sie finden dort einen Bericht über den Versuch, mit 10.000 gleichzeitig dauerhaft Meditierenden einen gesamten Kontinent zu harmonisieren. Ich zitiere daraus:

> "Die Zehntausend könnten ... allen internationalen Tendenzen Einhalt gebieten, weil sie in ihren Meditationen eine fundamentale Schöpfungsebene berühren, die dadurch ganz **spontan, eigenständig und ganzheitlich** (!) angeregt wird ... Es sei die Ebene, die noch fundamentaler als die der atomaren und elektromagnetischen Kräfte ist: die Ebene der "supersymmetrischen vereinheitlichten Quantenfelder", mit denen sich die Physik in zahlreichen Theorien eines letzten, fundamentalen "vereinheitlichten Feldes" seit geraumer Zeit befaßt." (Uebel, s. Abb. S. 68)

Auch die "Ewige Philosophie", und hier insbesondere unser deutscher Philosoph, Mathematiker, Historiker und Jurist **Gottfried Wilhelm Leibniz**, vertrat schon die Auffassung, daß "die **Erleuchtung** über die Menschheit kommen wird **wie ein Blitzschlag**".

Die Vorreiter müssen noch viel Energie investieren, um das Neue zu erschließen. Aber ist das gestaltbildende Energiefeld, das "**morphogenetische Feld**", erst einmal stark genug, ermöglicht es allen anderen, schnell und einfach nachzuziehen. Insbesondere **Rupert Sheldrake** bewies in zahlreichen auch länderübergreifenden Versuchen die unglaubliche Wirkung der **morphischen Resonanz**.

Das bedeutet ganz konkret: Wenn immer mehr Menschen ein ganzheitliches, ökologisches oder kollektives Bewußtsein erfahren oder gar stabil halten, "werden das auch andere in sich spüren und es somit leichter haben, ebenfalls solche Zustände zu erreichen." "Der `Drive' der Gesellschaft nimmt zu." (Russell).

Sheldrakes herausfordernde These erklärt erstaunliche Phänomene wie die bislang unbegreiflichen Verhaltens-Fernübertragungen der Ratten in europäischen und australischen Labors, die über Nacht die Dressurakte ihrer amerikanischen Artgenossen beherrschten.

Denken Sie auch an das bekannte **Phänomen des "hundertsten Affen".** Der Biologe **Lyall Watson** berichtete über Beobachtungen von Affen auf einer japanischen Insel, von denen einer gelernt hatte, Kartoffeln vor dem Verzehren zu waschen. Nach und nach lernten es die anderen von ihm. Die neue Gewohnheit breitete sich langsam immer weiter aus. Doch mit Erreichen einer Art "kritische Masse" hatte schlagartig praktisch jeder Affe der Horde dieses Verhalten übernommen.

Das Sensationelle daran ist jedoch, daß dieser Brauch ab diesem Moment spontan auch auf Affen in anderen Kolonien, auf anderen Inseln und auf dem Festland übergesprungen ist.

Sollte dies mit der Bewußtseins-Entwicklung der Menschen heute nicht auch möglich sein? Vielleicht schon morgen? Vielleicht schon durch einen weiteren Menschen, der sein Bewußtsein erweitert.

Vielleicht durch Sie, den Leser dieses Buches?

Möglicherweise haben Sie sich bisher resigniert gefragt: "Was kann ich schon dazu beitragen?" Möglicherweise haben auch Sie die Ausmaße der Wirkung Ihrer Gedanken und Ihres Bewußtseins ganz erheblich unterschätzt. Wenn Sie sich, wie ich, konsequent und konstruktiv mit den Gedanken dieses Buches (und weiterführender Literatur) auseinandersetzen, werden auch Sie sich Ihrer Möglichkeiten und Ihrer Verantwortung innerhalb der Schöpfung völlig neu bewußt werden.

Vergleichen Sie einen Evolutionssprung mit dem Wechsel des physischen Aggregatzustands von Wasser in Dampf, dann erkennen Sie ein ähnliches Prinzip. Am Anfang sind viel Zeit und Energie in Form von Wärme nötig, um erste Luftblasen entstehen zu lassen. Die Masse ist noch zu träge, um zu reagieren. Ist das Wasser am Siedepunkt, transformiert es schnell in Dampf.

So betrachtet, stellen **Laotse, Buddha, Jesus, Baha'u'llah** und andere Erleuchtete auch **erste aufsteigende "Blasen" des kommenden Bewußtseinszustandes** dar.

Nur war der Entwicklungsstand der menschlichen Gesellschaft, das planetare Bewußtsein, damals noch nicht weit genug, daß es schon zu einem evolutionären Veränderungsprozeß gereicht hätte. Heute erzwingen die äußeren Bedingungen diesen Bewußtseinswandel geradezu.
Die Frage ist:

Schaffen wir es, den notwendigen Schritt zu vollziehen, bevor die Fluktuationen uns geschafft haben? Schafft die Menschheit es, schnell genug zu lernen, einen solchen Veränderungssprung zu machen, oder richtet sie sich vorher zugrunde?

Es liegt an jedem von uns!

Der nächste Evolutionsschritt wird sich vollziehen. Kollektives, holistisches Bewußtsein wird entstehen. Es fragt sich nur, ob **mit** der **Menschheit** und **durch** sie **oder ohne** sie.

Die Evolution hat unendliche, ewige Erfahrung (selbst aus naturwissenschaftlicher Sicht, die mit dem Begriff "ewig" nichts anzufangen weiß, sind es viele Milliarden Jahre).
Die physische Evolution auf dem Planeten Erde hat 4 - 5 Mrd. Jahre Erfahrung. Ihr Selbsterhaltungssystem dürfte weitaus höher entwickelt sein als das der jüngsten Spezies ihrer Erdbewohner, der Menschheit.

KAPITEL 8

KONSEQUENZEN FÜR UNS ALLE

Damit kommen wir zu den Konsequenzen für uns Menschen in der heutigen Gesellschaft. Der erste Gedanke in diesem achten Kapitel lautet: **Die Krise als Katalysator.**

Die Erfahrung lehrt, daß Krisen oft wichtige Voraussetzungen und Auslöser für Veränderungen sind. Krisen sind die entscheidenden Stationen der Evolution. Deshalb hat das chinesische Wort für Krise "Wei-chi" auch eine doppelte Bedeutung. **"Wei" steht für "Vorsicht, Gefahr"** und **"chi" für "Chance, Gelegenheit zur Veränderung"**.

Solange sich ein geordnetes System in Harmonie, im Gleichgewicht befindet, gibt es überhaupt keinen Grund zu Aktivität und keinerlei Anlaß zur Veränderung der Organisationsform. Das heißt, **ohne Chaos** und Entropie besteht **keine Notwendigkeit für evolutionäre Weiterentwicklung.**

Diese Aussagen hat Ilya Prigogine in seinen Versuchen bestätigen können. Viele von Ihnen wissen (vor allem aus Ihrer Erfahrung als Führungskräfte, Trainer, Berater und Eltern), daß Verhaltensänderungen meist nur bei genügendem "Leidens-Druck" Aussicht auf dauerhaften Erfolg haben.

Erst wenn eine Struktur sehr **stark bedroht** ist, wenn sie durch Außeneinflüsse und innere Aktivitäten auseinanderzufallen oder zu zerbrechen droht, bildet sich innerhalb einer solchen Struktur etwas Neues heraus, entsteht auf einer **höheren Organisationsebene** ein neues **stabiles Gleichgewicht**.

Anfangs sieht jede Krise gefährlich aus. Die meisten versuchen verzweifelt, sich an die alte Ordnung zu klammern. Ein treffendes Bild unserer Situation gegen Ende dieses Jahrtausends.

Wir stecken in einer Krise und spüren es. Wir suchen nach dem verlorenen Sinn und der alten Ordnung von früher oder nach einem neuen Sinn für eine neue Zukunft. Viele wollen wieder zurück zu den guten alten Zeiten. Sie denken damit rückwärts.

Denn das **Festhalten** am gegenwärtigen Zustand hat sich immer als **entwicklungshemmend** herausgestellt. Es führt nur dazu, daß sich die Probleme von Tag zu Tag verstärken und verschärfen. Es führt nicht zu ihrer Lösung. Das charakterisiert unsere augenblickliche Lage unserer **konsumorientierten Mega-Wirtschafts-Maschinerie** weltweit.

Welch gigantische geistige Fehlhaltung ist dafür verantwortlich, daß wir die Lebensgrundlagen auf unserer Erde zerstören, nicht erneuerbare Rohstoffe und Energien verschleudern, Tier- und Pflanzengattungen massenhaft ausrotten, Luft, Boden und Wasser vergiften?

Genügen Waldsterben, Klimaveränderungen, Ozonloch und Magnetfeldschwund immer noch nicht als Augenöffner? Wie viele Teilkatastrophen brauchen wir noch, bis wir ernsthaft anfangen, unser Bewußtsein zu entwickeln und uns wieder in die kosmische Ordnung einzufügen?

Wir gleichen, wie die weise alte Japanerin **Ryoju Tamo** bildhaft beschreibt, Milliarden von Ameisen, die auf einem Schilf-Schiffchen einem riesigen Wasserfall zutreiben. Sie sind sich nicht einmal bewußt, daß sie auf einem Schiff leben. Sie begegnen sich in List, Habgier und Streitigkeiten.

Sie fürchten Krieg, sind in Sorge über die Aufteilung wirtschaftlicher Güter, streiten um Fragen der Politik und des Verkehrs. Solche Probleme, die nur sie auf dem Schiffchen angehen, lenken sie davon ab, wahrzunehmen, daß sie auf den Abgrund zutreiben (s. Abb. S. 76).

Sie sehen nicht das Entscheidende, das Rettende, das Boot am Ufer festzumachen. Das **Ufer** ist die **kosmische Ordnung**, mit vertäuen ist die Wiederverbindung (lat. Religio!) mit der geistig-göttlichen Wirklichkeit der Schöpfung gemeint, oder wie immer wir dies nennen.

(Ausführlich beschrieben hat diese Gedanken mein Schweizer Berater-Kollege **Johannes Georg Landolt-Sauvant** in seinem Vortrag 1989 in Oberberg, s. Literaturverzeichnis.)

Die Lösung unserer immer komplexer und chaotischer werdenden Probleme wirtschaftlicher und gesellschaftlicher Art kann weder schwarz noch rot, weder liberal noch grün gelingen, sondern nur **sowohl-als-auch**. Die Dramatik der Umstände erzwingt ein **Integrieren** aller Ideen, um völlig **neue Lösungswege** entstehen zu lassen.

Leider wollen, wie schon früher, die Mitglieder des Establishments keine grundlegenden Veränderungen der Werte und Strukturen zulassen. Sie wehren sich lieber **mit den Mitteln der Macht gegen die Zeichen der Zeit**.

Als typische und tragischste Beispiele hierfür können Sie das Verhalten der Regierung Chinas im Sommer 1989 oder der Ceausescu-Regierung in Rumänien Ende 1989 ansehen.

Der Freiheitsdrang, der tiefsitzende Wunsch nach Anschluß an die entstehende Weltgesellschaft, wird mit blutiger Gewalt unterdrückt, statt notwendige, zeitgemäße Änderungen herbeizuführen.

Doch genauso wie in diesen Beispielen gegen die Menschenrechte verstoßen wurde, so wird von unserer westlichen Wirtschaftsgesellschaft mit ihrer wachstumsorientierten "Konsumreligion" in fast allen Ländern rücksichtslos gegen die Rechte der Natur verstoßen. Die aktuelle Umweltkrise schreit geradezu nach einem Bewußtseinswandel!

Eine globale geschichtliche Parallele zum derzeitigen Paradigmenwechsel finden Sie in der Zeit von **Galileo Galilei**, vor genau 400 Jahren, als es darum ging, das "**geo-zentrische Weltbild**" zu überwinden.

Heute geht es darum, das "**ego-zentrische Weltbild**" zu überwinden; das "hautverkapselte Ich" (Russell) abzustreifen!

Erlauben wir uns einen kurzen Rückblick:

Wenn vor etwa 3 1/2 Milliarden Jahren ein Komitee aus den vorhandenen Lebewesen (Einzellern) zusammengetreten wäre, um abzustimmen über die Pläne einer Gruppe von Bakterien, die Photosynthese zu entwickeln, dann hätte das Komitee wahrscheinlich gesagt:

> "Ihr seid wohl verrückt, das bedroht die Umwelt. Der dabei entstehende Sauerstoff ist lebensgefährlich, er ist giftig für jede Form von Leben und obendrein so leicht entzündlich, daß wir wahrscheinlich alle verbrennen. Und so gut wie sicher führt eure Entwicklung von Photosynthese zur Vernichtung des Lebens auf diesem Planeten."

Seien wir froh, daß eine kleine Gruppe von "Extremisten" oder besser "**Alternativen**" diesen konservativen **Bewußtseinszustand transzendiert** und die Photosynthese trotzdem entwickelt hat.

Diese hat natürlich zu Unruhe, großem Chaos, großen Veränderungen geführt. Sie hat die vorhandenen Lebensformen auch bedroht in ihrer gegenwärtigen Existenz. Aber sie hat evolutionsmäßig ermöglicht, daß sich eine **Weiterentwicklung vollziehen konnte**. Eine Weiterentwicklung, die zu allen uns bekannten Lebensformen geführt hat - ohne die es uns Menschen heute gar nicht gäbe.

Zurück zu unserer augenblicklichen Situation:

Wir stehen in einer globalen Krise und haben große Aufgaben vor uns. Es geht darum, **10 Milliarden Menschen** zu ernähren und **in friedlicher Koexistenz** auf diesem Planeten **zu vereinigen**. Es geht darum, die Ausbeutung und **Zerstörung der Umwelt zu beenden**, bevor es für unser aller Überleben zu spät ist.

Auch hier kann die Überlegung nur heißen: Mit den bisherigen Methoden ist die Situation nicht zu lösen. Das ist keine Frage konservativer oder progressiver Politik.

Dies kann nur durch etwas umwälzend Neues geschehen, an dem alle beteiligt sind; nicht mit einer Rückbesinnung auf alte Werte, sondern nur mit einem Umdenken, einem **grundlegenden Wandel unseres Bewußtseins** und unseres Selbstbildes.

Nur dann können wir alle unsere Gehirne zusammenschließen und alle Ideen, alle **Kreativität der gesamten Menschheit** endlich nutzen. Daß uns dabei jede Unterstützung durch Computer nur willkommen sein kann, sollte selbstverständlich sein. Denn nicht die Technik per se gefährdet uns, sondern die Art, wie wir sie einsetzen.

Sie wissen aus eigener Erfahrung, daß Gruppen leistungsfähiger sind als einzelne; daß ein Team, wenn es gut strukturiert und organisiert ist, bei komplexen Aufgaben immer ein besseres Ergebnis erzielt als die einzelnen Individuen im Durchschnitt.

Wir sind im Moment aufgefordert, uns zu großen internationalen, ja **weltweiten Teams** zusammenzufinden, um die anstehenden Probleme zu lösen. Dazu sind **neue geistige Einstellungen** und Bewußtseins-Haltungen **notwendig**.

Das ist keine Frage von politischem Ost-West-Denken. Die Radioaktivität von Tschernobyl macht am "Eisernen Vorhang" genauso wenig halt wie der saure Regen oder AIDS!

Um der steigenden Komplexität der Aufgaben gerecht zu werden, müssen wir unser Denken ändern.

Wir müssen **lernen, die Selbststeuerungs-Prozesse komplexer Systeme kybernetisch zu nutzen**. Das gelingt uns nur, wenn wir lernen, **ganzheitlich und vernetzt in Regelkreisen zu denken**.

Dietrich Dörner und andere haben den Testpersonen in der inzwischen berühmten "**Lohhausen-Studie**", einer Computer-Simulation, Daten über die Entwicklung einer Stadt vorgegeben. Die Testpersonen hatten totale Entscheidungsfreiheit, absolute Macht, alles nach Wunsch zu verändern.

Es hat sich gezeigt (und dieses Ergebnis ist sehr erschreckend), daß niemand alleine in der Lage war, ein so komplexes und vernetztes System auf Dauer überhaupt im Gleichgewicht zu halten, geschweige denn, dieses zu optimieren. Alle, egal ob Wissenschaftler, Politiker oder Führungskräfte, haben der Stadt Chaos und Not beschert. Sie haben sich auf zu wenige Variablen konzentriert und dadurch regelmäßig zu spät und dann meist zu heftig reagiert. Allen Testpersonen ging die Fähigkeit ab, kybernetisch, vernetzt zu denken.

Vielleicht kommen deshalb unsere integrierten DV-Konzepte (CIM, CAE etc.) so langsam voran.

Doch wenn Sie wollen, können Sie Ihre Fähigkeiten spielerisch erweitern. Zwei Beispiele als Anregung:

1. Die Studiengruppe um **Frederic Vester** hat ein Spiel herausgegeben, das selbst Ihre Kinder spielen können. Es ist ein "Papiercomputer", heißt "**Ökolopoly**" und ist eine Miniausgabe des großen Lohhausen-Computerspieles. Ökolopoly ermöglicht Ihnen, **kybernetisches Denken** in komplexen Situationen zu Hause zu **trainieren** (besonders gut für gruppendynamisches Training geeignet).

2. "Miteinander nicht gegeneinander", unter diesem Motto bietet der Ökologie-Professor **F. Wilhelm Dahmen** sein neues Umweltspiel "**Öko-Waage**" und seine "**STRUGENA**"**-Puzzles** an.

Je komplexer unsere Welt wird, desto vielfältiger werden auch die Rückwirkungen unserer Entscheidungen, und dadurch wird es immer schwieriger für den einzelnen, allein richtig zu entscheiden.

Vielleicht haben Sie jetzt auch die Erklärung dafür, weshalb Unternehmer-Persönlichkeiten wie Robert Bosch, Max Grundig, Friedrich Jahn Imperien gründen und von der Zentrale aus steuern konnten, von oben nach unten, und weshalb dies heute nirgends mehr so recht funktioniert. Heute ist die Situation eine völlig andere.

Heute ist es die Aufgabe von Unternehmern, **Trends zu erkennen** und mit ihnen zu gehen, ihre Chancen und ihre Eigendynamik zu nutzen, die Naturgesetze für sich arbeiten zu lassen und zeitgemäße Entscheidungen zu fördern.

Wer heute ein Unternehmen führt oder mit vielen Menschen zu tun hat, sollte wissen, daß er sich nicht gegen den Trend der Zeit, der Kunden, des Marktes oder der Mitarbeiter durchsetzen kann. Er verschleißt sich dabei und erleidet Schiffbruch.

Kunden und Konsumenten werden kritischer. Sie fragen vermehrt nach Nutzen, Schaden und **Sinn** von Produkten und Dienstleistungen. Energieverbrauch, Ressourcen-Einsatz, Recycling u.ä. gewinnen immer stärkere Bedeutung. Das **ethische Verhalten** der Anbieter, vor allem die Verantwortung für Umwelt, Lebewesen und Zukunft, werden auf Unternehmensebene lebensentscheidend.

Ohne echte Einstimmung auf zeitlose Gesetze, ungeschriebene moralische Normen werden auf Dauer weder Legitimation und Marktanteile noch Kasse stimmen (s. Landolt-Sauvant). Deshalb wird die Auseinandersetzung mit dem geistigen Überbau jeder Organisation "Unternehmens-Auftrag, -Mission, -Vision, -Werte, -Philosophie und -Leitsätze" immer bedeutsamer für alle Organisationen.

Nur wer klare, transparente **sinngebende Ziele** und Werte verfolgt, kann bei seinen Mitarbeitern und Kunden Begeisterung auslösen.

Ein Unternehmen reagiert heute am **flexibelsten** und am schnellsten auf Veränderungen vom Markt, wenn sich seine **Arbeitsgruppen selbst organisieren** können. Natürlich setzt das Lern- und Entwicklungsprozesse auf allen Ebenen voraus; nicht nur für die Führungskräfte, sondern auch für alle ausführenden Mitarbeiter.

Heute müssen Führungskräfte, Lehrer, Erzieher und Berater lernen, Moderatoren zu sein statt Diktatoren oder Erfüllungsgehilfen. Moderatoren, die Fragen stellen:

"Wie können wir das lösen?"
"Wie schafft Ihr Euch diese Probleme weg?"
"Wie können wir die Aufgabe gemeinsam bewältigen?"

Je mehr **MIT**-Arbeiter Ihre Organisation hat, die diesen Namen zu Recht tragen, also je mehr unternehmerisch denkende und handelnde Personen, desto größer ist Ihre Aussicht auf Erfolg am Markt.

Dazu bedarf es sehr vieler Seminare und Trainings. Es ist notwendig, daß alle Team-Mitglieder lernen, welch hohe Verantwortung diese Veränderung für sie mit sich bringt und welche neue Qualifikation sie von ihnen verlangt.

Wir alle müssen lernen, uns synergetisch zu verhalten. "Synergie" heißt auf deutsch **Zusammenwirken**. Synergie kann nur **freiwillig**, aus sich selbst heraus entstehen, ohne Druck, ohne Zwang. Nicht durch Anstrengung, nicht durch intensives Bemühen, sondern ganz natürlich.

Synergie kennen wir alle. Zumindest die Teile in uns kennen sie sehr gut. Viele Billionen Zellen in unserem Körper arbeiten wunderbar zusammen. Dabei sind sie alle individuelle Einzel-Lebewesen. Jede Zelle lebt und arbeitet für ihre eigenen Belange und tauscht Energie, Materie und Information mit ihrer Umwelt aus. Sie tut dies aber zugleich in einer Art und Weise, die für das Gemeinwohl des Gesamtsystems förderlich, nützlich, ja lebensnotwendig ist.

"Ohne diese Synergie unserer Körperzellen wären wir nur eine Gallertmasse egoistischer Krebszellen" (Russell), die sich auf Kosten der anderen ausbreiten.

Die derzeitige große Herausforderung für uns alle besteht darin, zu erkennen, daß wir zwar autonome Individuen (Einzelwesen) sind, die völlige Entscheidungsfreiheit haben, daß wir aber auch "gezwungen" sind, unsere **Entscheidungen so zu treffen**, daß sie für uns alle als Gesamtgruppe, als **ökologisches** System **sinnvoll** sind.

Daß wir uns gegenseitig mit unseren unternehmerischen Entscheidungen helfen und unterstützen, daß wir uns **integrierend verhalten aus Eigeninteresse und Überlebensnotwendigkeit**. ("Liebe Deinen Nächsten wie Dich selbst", denn er ist Du selbst.)

Die Management-Strategie dafür ist in Deutschland entstanden. **Wolfgang Mewes** hat die Philosophie dazu geliefert mit seiner "energokybernetischen" oder **Engpaß-Konzentrierten Strategie**" (EKS).

Die EKS basiert auf den Naturprinzipien, die dafür sorgen, daß sich die Natur immer "auf Lücke" entwickelt (immer "Marktnischen" sucht) und kooperiert. Pflanzen wachsen z.B. nicht alle an derselben Stelle, breiten nicht in derselben Höhe Äste aus und kämpfen nicht mit immer mehr verschwendeter Energie gegeneinander, um sich gegenseitig den Lebensraum (Markt) wegzunehmen. Leider verfallen wir Menschen in unseren Unternehmen oft in einen solchen unnatürlichen Verdrängungs-Wettbewerb.

Pflanzen wachsen vielmehr an unterschiedlichen Stellen, unterschiedlich hoch und breit, und der Vorteil für das ganze System ist, daß die Hecke immer dichter wird, das Biotop sich gegenseitig nützt und schützt. Daß der eine von **den Vorteilen des anderen lebt**, auch von den Abfällen des anderen, und **aus Gegnern Partner werden**.

Ein Beispiel hierzu aus der Computer-Industrie (die hier für viele Industriezweige steht):

> Sie steht trotz wachsender Märkte aufgrund ihrer falschen Strategie steigenden Problemen gegenüber. Dies rührt von einem produktions-orientierten Denken her: "Was gibt die Technik her, was können wir noch entwickeln?" Sofort wird es hergestellt.
>
> Wenn es produziert ist, wird gefragt: "Wie kann es preiswerter gemacht werden?" Die Betriebswirtschaftler sagen: "Da können wir sparen, und dort können wir rationalisieren." Sie versuchen, die Kostendegression auszunutzen. Und plötzlich haben Hersteller und Händler Computer auf Lager stehen.

An eines haben sie zu wenig gedacht: an die richtige Strategie, die ihnen automatisch zum Erfolg verhilft. Wenn sich Computer-Hersteller **marktorientiert** verhalten wollen, müssen sie die **Probleme ihrer Kunden analysieren** und Lösungen dafür liefern. Computer braucht kein Mensch. Wer welche verkaufen will, muß einfache und praktische Anwender-Software entwickeln, zu seinen Kunden hingehen und zeigen, daß diese Software ihnen hilft, ihr brennendstes Problem zu lösen. Daß die Problemlösung nur durch Einsatz eines Computers realisiert werden kann, ist eher nebensächlich.

Das wäre anwender-orientiertes, problemlösungs-orientiertes, kunden-orientiertes Handeln. Leider handeln noch viele Firmen kapital-, technik-forschungs-, entwicklungs- und produktions-orientiert. Das führt dazu, daß sie auf Halde produzieren, daß es harte Preiswettbewerbe auf dem Markt gibt, mit Preisnachlässen, die in den gegenseitigen Ruin führen anstatt in den **gegenseitigen Nutzen**.

(Einige Hardware-Hersteller haben dies zwar erkannt und ihr Geschäftsgebaren verändert - zumindest äußern sie sich entsprechend - , doch viele Manager baten mich ausdrücklich, deswegen diesen Abschnitt bei der Neuauflage nicht rauszulassen, wegen seiner grundsätzlichen Bedeutung für alle Unternehmen).

Wir können heute viele Weltuntergangsstimmen hören, die darauf hinweisen, daß Egoismus und zunehmende Individualisierung jedes einzelnen Menschen zu Zersplitterung führt, Gemeinsinn, **Gemeinschaftsgeist** und Kollektivgeist verlorengehen.

Es ist richtig, daß die Individualisierung eine Riesengefahr darstellt, wenn wir sie nicht bald überwinden. Aber sie ist (auch) ein notwendiger Schritt im Entwicklungsprozeß der Menschheit.

Der bekannte amerikanische Historiker und Erfolgsautor **Ken Wilber**, "Papst der Bewußtseinsforschung", hat in seinem Buch "Halbzeit der Evolution" ausführlich dargelegt:

Es ist notwendig, daß wir Menschen erst einmal als Einzel-Lebewesen **Autonomie, Autarkie und Selbstbewußtsein entwickeln** müssen, um Synergie erzeugen zu können. Synergie entsteht nur nach diesem Reifeprozeß.

Wir müssen erst erkennen, daß wir zwar als Einzel-Lebewesen autonom entscheiden können, aber sinnvollerweise so entscheiden sollten, daß alle anderen auch davon profitieren. Wir müssen **freiwillig auf kurzfristige, egozentrische Vorteile verzichten, zugunsten langfristigen Nutzens des Gesamtsystems**, dessen Teil wir sind.

Wir haben mit unserem selbstreflexiven Bewußtsein die **Verantwortung** übernommen für unseren Anteil an der weiteren **Evolution**, und dieser Verantwortung für Gaia können wir uns nicht entziehen. Wir müssen **aufhören, die Welt als tot und die Menschen als Feinde anzusehen**.

Wir müssen lernen, daß **wir Teil eines großen Organismus sind**, der nur funktionieren kann, wenn **jeder seine Rolle zum Wohle der Gemeinschaft wahrnimmt**. Eine der schönsten Metaphern hierzu beschreibt **Fritjof Capra** in seinem Buch "Das Neue Denken", als er Stan Grof's Bild vom **Wasserkreislauf** in der Natur zitiert: (s. Abb. S. 86)

> "Das universale Bewußtsein wird mit dem **Meer** verglichen - eine flüssige, undifferenzierte Masse - und die erste Phase der Schöpfung mit der Bildung von Wellen. Man kann eine **Welle** als individuelle Wesenheit betrachten, und dennoch ist unbestritten die Welle der Ozean und der Ozean die Welle. Im Grunde kann man beide nicht trennen.
>
> Das nächste Stadium der Schöpfung wäre eine Woge, die sich an Felsen bricht, so daß **Wassertropfen** in die Luft gischten und für kurze Zeit als individuelle Einheiten existieren, bevor sie wieder vom Meer aufgenommen werden. Damit haben wir flüchtige Augenblicke separater Existenz.

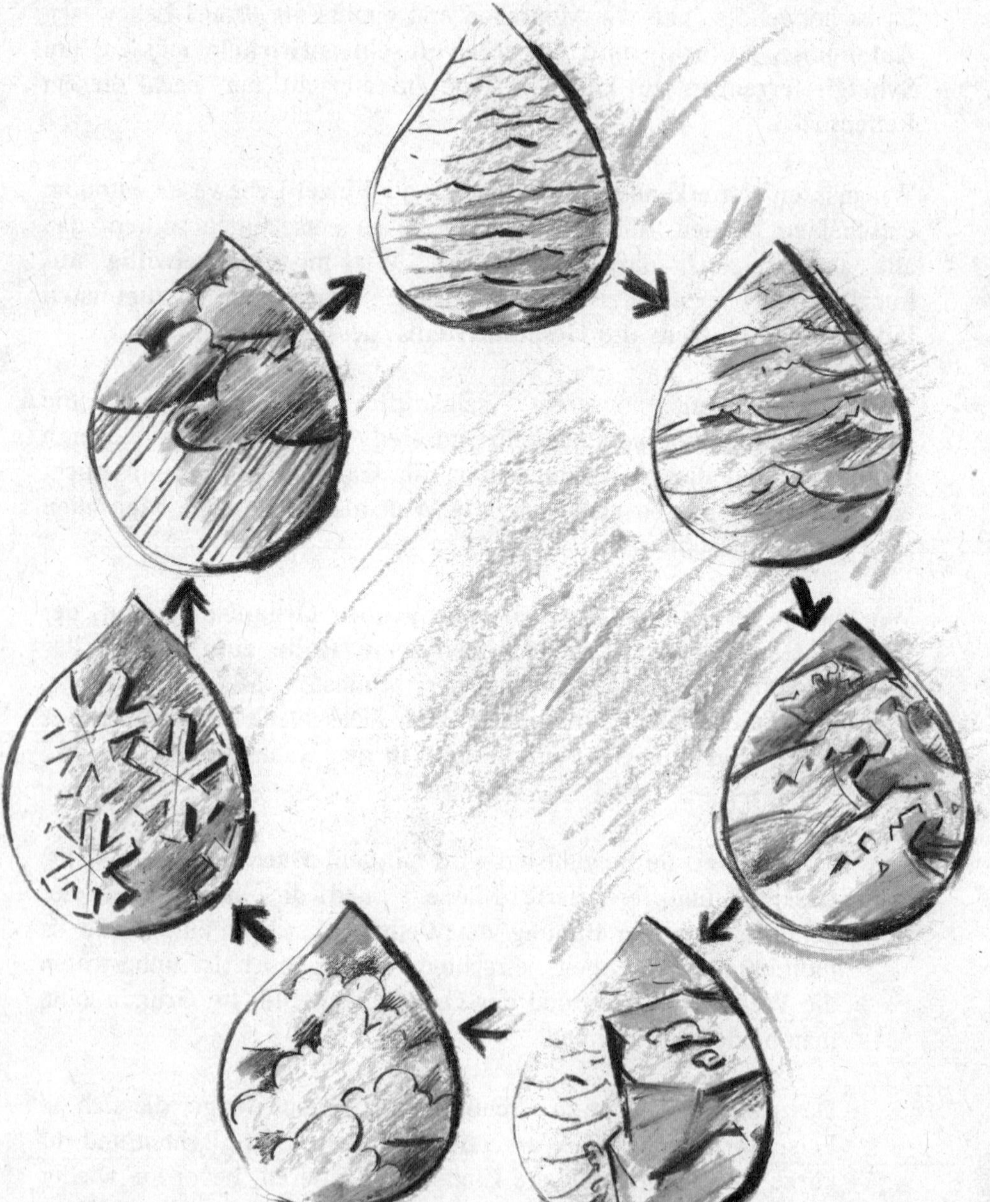

Das nächste Stadium dieses metaphorischen Gedankengangs wäre dann, daß eine Woge hoch auf die Felsenküste prallt und wieder zurückschwappt, dabei jedoch eine kleine **Pfütze** Wasser zurückläßt. Es kann ziemlich lange dauern, bis die nächste Welle kommt und das vorher zurückgelassene Wasser wieder mitnimmt. Während dieser Zeit ist die Pfütze eine abgetrennte Einheit, und dennoch ist sie eine Ausweitung des Meeres, die schließlich wieder in ihren Ursprung zurückkehrt.

Stellen Sie sich vor, das Wasser verdampft und bildet eine **Wolke**. Jetzt ist zunächst die ursprüngliche Einheit durch eine tatsächliche Transformation verdeckt, und man braucht schon einige physikalische Kenntnisse, um sich klarzumachen, daß die Wolke der Ozean und der Ozean die Wolke ist. Aber schließlich wird sich das Wasser in der Wolke doch wieder als **Regen** mit dem Meer vereinen.

Die endgültige Trennung, bei der dann die Verbindung mit der ursprünglichen Quelle vollständig vergessen scheint, wird oft durch eine **Schneeflocke** illustriert, die sich aus dem Wasser in der Wolke kristallisiert, das ursprünglich aus dem Ozean verdampfte.

Hier haben wir nun eine in hohem Maße strukturierte, sehr individuelle separate Entität, die scheinbar keine Ähnlichkeit mehr mit ihrer Herkunft besitzt. Jetzt braucht man schon ein etwas eingehenderes Wissen vom Wasser, um zu erkennen, daß die Schneeflocke der Ozean und der Ozean die Schneeflocke ist.

Um sich wieder mit dem Meer zu vereinen, muß die Schneeflocke ihre **Struktur und Individualität aufgeben**; sie muß gewissermaßen den **Tod des Ego erleiden, um zu ihrer Quelle zurückzukehren.**" (Hervorhebungen durch den Autor)

In diesem Sinn müssen wir unser Bewußtsein entwickeln. Viele Menschen begreifen das, und zunehmend mehr tun etwas dafür.

Auch wir Menschen müssen unser Ego, unser hautverkapseltes Ich, aufgeben, um unser Selbst zu erkennen und uns mit unserer Quelle - mit Gott - wieder zu vereinen.

Nur wenn wir unsere Individualität und die Polarität unseres Bewußtseins überwinden, kehren wir in die Einheit (den paradiesischen Zustand des Nichtunterscheidens) zurück.

Daß Sie heute dieses Buch lesen, um sich mit diesem wichtigen Thema auseinanderzusetzen, ist das ein Zeichen dafür, daß Sie den Trend der Zeit erkannt haben und auch dabei sind, mitzumachen?

KAPITEL 9

OPTIMISTISCHER AUSBLICK

Der Bewußtseinswandel ist in vollem Gange. Unsere Welt ist im Umbruch. Immer mehr Selbsterfahrungs- und Selbsthilfe-gruppen entstehen. Nicht nur in Bürgerinitiativen setzt sich ökologisches Denken langsam durch. Persönlichkeitsfördernde Seminare und Verhaltenstrainings, Workshops zur Suche nach Lebenssinn, religiöse und esoterische Gruppen schießen immer mehr aus dem Boden.

Auf der Frankfurter Buchmesse können Sie das zunehmende Anwachsen der Literatur auf dem Bewußtseinssektor verfolgen. Alle **zwei Jahre verdoppelt** sich der Ausstoß von **Büchern und Kassetten über Bewußtseins-Entwicklung**.

Das Gallup-Institut hat schon 1978 bei einer Umfrage in den USA festgestellt: 2 Millionen Amerikaner beschäftigen sich in irgendeiner Form mit Bewußtseins-Entwicklung. Die Verdoppelungszeit lag damals bei 3 Jahren. Das würde bedeuten: im Jahr 2000 werden sich allein in den USA über 250 Millionen Menschen mit Bewußtseins-Entwicklung beschäftigen, d.h. alle! (s. Abb. S. 90).

Die **Zuwachsrate** der Beschäftigten in diesem Bereich liegt weit **höher** als die **im** Industrie- und **Informationsbereich**. Zunehmende Akzeleration unterstellt, würde dies bedeuten, daß sich zirka im Jahr 2020 mehr Menschen beruflich mit Bewußtseins-Entwicklung beschäftigen als mit Informationsverarbeitung, Produktion und Nahrungsmittel-Erzeugung.

Immer mehr Menschen setzen sich heute mit klassischen und neuen Methoden der **Selbsterfahrung** und des Streßabbaus auseinander, wie z.B.: **Atemtechnik, Autogenes Training, Tiefenentspannung, Tai chi, Traumarbeit, Meditation, Yoga, Zen, Rebirthing, Bioenergetik, Reiki, Hakomi usw.**

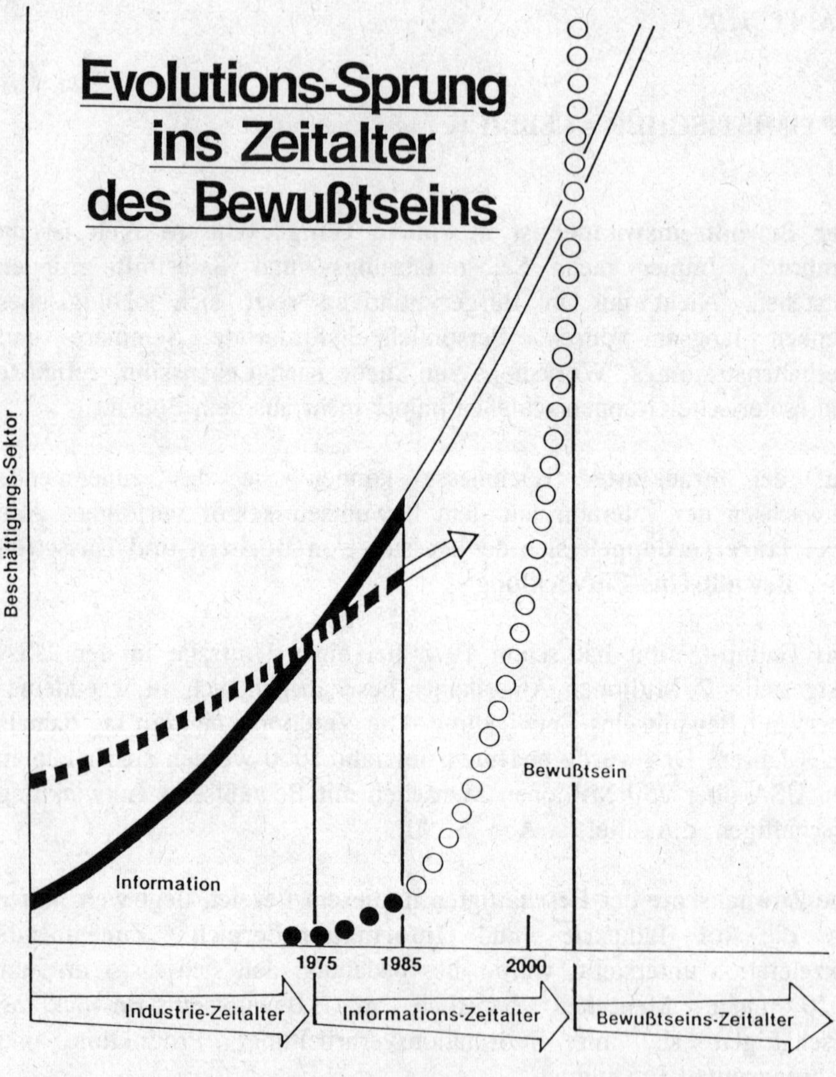

Projektierte Wachstums-Kurve der Beschäftigten im industriellen, im informatorischen und im Bewußtseinssektor.

Quelle: vgl. Russell a.a.O.

Zunehmend mehr Menschen befassen sich mit humanistischer und transpersonaler Psychologie, **Gestalttherapie, Transaktions-Analyse, Themenzentrierter Interaktion, Psychosynthese** und vor allem mit den **schnellen und sanften**, aber **hochwirksamen Therapie-Methoden des Neuro-Linguistischen Programmierens** (NLP).

Bewußtseinsfördernde Seminare werden heute fast schon an jeder Volkshochschule und in jedem Bildungszentrum angeboten. In vielen Unternehmen gehören heute Trainings zur Förderung von Kreativität und Intuition aus dem **Unterbewußtsein** bereits zum festen Seminar-Repertoire. Die unglaubliche **Effektivität** von **Mentalem Training, Kreativem Visualisieren, Schöpferischer Imagination, Visionärem Denken, NLP und Psychosynthese** wird wiederentdeckt und laufend weiterentwickelt.

Neue gehirngerechte **Lern- und Arbeits-Techniken** wie **Suggestopädie** (Superlearning), **Ziel-** und **Zeitplanung** sowie **Mind Mapping** schöpfen die Ressourcen unseres Verstands und unseres Unterbewußtseins erheblich besser aus.

Entspannungs-Musik, gelenkte Fantasie-Reisen und **Hypno-Trancen** auf Kassetten sowie mit Hilfe moderner Hirnforschung entwickelte **Subliminal- und Hypno-Synchron-Kassetten** helfen, unser Gehirn zu trainieren und unsere Kräfte besser zu nützen. All diejenigen, die Ausgeglichenheit, Tiefenentspannung und Zugang zu Kreativität und Intuition nicht mehr auf "natürliche" Art, durch Gebet, Kontemplation und Meditation finden, können sich der Unterstützung durch **Mind-Machines** mit biofeedback-gesteuerten Lichtblitzen und synchronen Tonfrequenzen bedienen.

Heute akzeptieren wir wieder, daß wir **Erfolg nur mit Intuition und Visionskraft** erreichen, nicht mit Planungsrechnungen. Betriebs- und volkswirtschaftliche Daten (Statistiken) sind immer vergangenheits-orientiert und stimmen nur bis heute. Sie geben uns eine gewisse sinnvolle Kontrollhilfe, aber sie helfen uns nicht viel, die Zukunft zu gestalten.

Dabei hilft uns aber unser Unterbewußtsein, die Intuition, die innere Gewißheit und Sicherheit, die ein **harmonisch in sich ruhender Mensch** einfach aus sich selbst (aus seiner Lebensmitte, seinem "Hara") herausnimmt. Menschen, die das Herz auf dem rechten Fleck haben, sagt das Gewissen stets, was not tut.

Wer in seine Mitte zurückkehrt, wird auch die ewige **Weisheit** seiner wahren inneren Stimme vernehmen. Allerdings wird er nur in sein Zentrum gelangen, wenn er zur **Ruhe** kommt. Wer in der äußeren Welt am Rotieren ist, klebt wie am Rande einer sich drehenden Zentrifuge, je schneller um so fester, - und dieser Ort ist am weitesten vom Zentrum entfernt. Wer rotiert, vernimmt vielleicht die Wünsche und Begierden seines Gemüts oder die egoistischen und egozentrischen Gedanken seines Verstands, aber leider nicht die wahre innere Stimme seiner Wesenheit.

Auf diese innere Stimme zu achten, können Sie trainieren. Sie finden heute viele gute **Seminare für bewußte Lebensführung und positive innere Einstellung**. (Wer daran Interesse hat, erhält vom Autor gerne Information dazu.)

Ende der 80er Jahre fehlten uns qualifizierte DV-Trainer. 2/3 der arbeitenden Bevölkerung mußte bereits irgendwie mit Computern umgehen, aber erst ein Viertel hatte die nötigen Grundkenntnisse der Informationsverarbeitung!

Genauso könnte es uns in wenigen Jahren auf dem Bewußtseins-Sektor gehen! Wir **brauchen** zunehmend **mehr gute** Ausbilder, Gruppenleiter, Therapeuten, Yoga- und vor allem **Meditations-Lehrer**, die ihre Erfahrungen vernünftig weitergeben können. Wir brauchen mehr **qualifizierte Multiplikatoren** für schnell wirksame ganzheitliche Methoden, wie NLP.

Wir haben einen Vorteil gegenüber früher. In der Zeit als Buddha, Jesus Christus oder Konfuzius versucht haben, anderen etwas über eine neue Form des Zusammenlebens weiterzugeben, da waren sie beschränkt auf ihr persönliches Wirken.

Ihre Jünger haben möglicherweise unbeabsichtigt etwas anderes weitergegeben, und deren Schüler wieder etwas anderes. Die Lehre und die in ihrer ursprünglichen Form hochwirksamen Bewußtseins-Techniken sind immer mehr verfälscht worden und "funktionieren" deshalb heute oft nicht mehr. Sie wurden zu sehr verändert durch die Überlieferung.

Heute sind wir in einer besseren Situation. Wenn uns heute praktikable Methoden zur Bewußtseins-Entwicklung zur Verfügung stehen (wie z.B. Alpha-Training, Entspannungstraining, Autogenes Training, Transzendentale und Tibetische Meditation usw.), können wir diese **Lehren unverfälscht vervielfachen** und mit Hilfe der modernen Kommunikationsmedien **originalgetreu weltweit verbreiten**.

Stellen Sie sich vor, welche Wirkung Jesus hätte erzielen können, wenn seine Wunder und Predigten weltweit live im Fernsehen übertragen worden wären.

In den letzten 50 Jahren haben wir weit mehr investiert in "physisches Kapital", wie Fabriken und Verkehrswege, als in "menschliches Kapital". "Nicht dem Lebendigen, sondern 'Blech und Beton' wurden die notwendigen Entwicklungsgelder gewidmet", zitiert Zukunftsforscher **Robert Jungk** den Nobelpreisträger für Wirtschaftswissenschaften, **Theodore W. Schultz**.

In den kommenden Jahren gilt es für uns, weitere praktische Verfahren zu entwickeln, die der ganzen Menschheit schnell zu Bewußtseins-Erweiterung oder Erleuchtung (oder wie immer Sie das nennen wollen), verhelfen können, und gleichzeitig die vorhandenen Methoden weiter zu vereinfachen und zu verbessern. Dabei könnten die beginnenden 90er Jahre "Das Jahrzehnt der Entscheidung für unsere Welt" werden, wie Jungk im Umweltmagazin "natur" (Jan. 1990) meint, denn:

> "Seit Beginn der Neuzeit war jede Jahrhundertwende eine besonders schöpferische Epoche, die völlig neue Perspektiven eröffnete. **1492** stach **Kolumbus** in See, um nach Indien zu segeln, und entdeckte im Westen der Erde eine 'neue Welt'.

In den **90er Jahren** des folgenden Säkulums entstanden die Konzepte **Galileo Galileis**. Sie ... bereiteten den Durchbruch der naturwissenschaftlichen Weltsicht vor ... (das geo-zentrische Weltbild zerbrach, Anmerkung des Autors)

1687 veröffentlichte **Isaac Newton** sein Hauptwerk 'Die mathematischen Prinzipien der Naturlehre' und schuf damit das theoretische Fundament für die exakten Naturwissenschaften.

1789 dann stürmten die Bürger von Paris die Bastille. Sie leiteten damit das Ende des Feudalismus und den Beginn der auf Menschenrechte pochenden **Volksherrschaft** ein.

Die **letzte Dekade des 19. Jahrhunderts** stand im Zeichen großer industrieller Fortschrittshoffnungen ... Es war aber auch jene Zeit, in der **Einstein und Freud** radikal andere Vorstellungen von der äußeren und inneren Welt zu entwickeln begannen.

Wird auch diesmal das Ende des Jahrhunderts, das zugleich das Ende eines ganzen Jahrtausends ist, eine Zeitspanne erhöhter Kreativität und beginnender Veränderungen von tiefgreifender Bedeutung sein?

Die erstaunlichen und nur von wenigen für möglich gehaltenen politischen Ereignisse des Jahres 1989 scheinen die Regel zu bestätigen. Wir treten in eine Periode ungeahnter und unheimlicher Möglichkeiten ein.

Diese Prognose ist nicht aus irgendeiner Zahlenmystik zu erklären, sondern rational begründbar. Der 'Fin de siecle-Effekt' ist ein massenpsychologisches Phänomen, auf das sensible und begabte Menschen mit verstärkter geistiger oder politischer Tätigkeit reagieren. Nicht nur kalendarisch geht in diesen Jahren etwas zu Ende und fängt etwas Neues an.

Die Menschen schauen intensiver zurück und vorwärts als in früheren und späteren Jahren. Entscheidungen, die seit langem anstehen, müssen nun endlich getroffen werden. Probleme, die sich verschärft haben, warten dringend auf Lösungen. Nicht die Welt wird untergehen, wie die Pessimisten meinen, wohl aber eine unerträglich gewordene Epoche.

... Nicht nur das Erdenken von notwendigen und aussichtsreichen Problemlösungen wird uns in diesem Jahrzehnt der Entscheidung beschäftigen müssen, sondern vor allem die Frage, wie sie möglichst ohne zerstörerische Gewalt durchgesetzt und verwirklicht werden können.

Vielleicht werden wir im besonderen geistigen Klima der Jahrtausendwende dieser wichtigsten aller Erfindungen endlich etwas näherkommen. Dazu bedarf es der Mitarbeit möglichst vieler Menschen, deren Ideen und Experimente dazu beitragen können, unter dem Druck außerordentlicher Gefahren neue Hoffnungen zu wecken."

Eine unserer wichtigsten Aufgaben dabei ist es, die "**Bewußtseins-Technologie**" so weit voranzutreiben, bis wir sie **leicht in unser aller Leben und in unsere Arbeitswelt integrieren** können.

Damit wir die umfassenden, **komplexen Probleme unserer Welt lösen**, müssen wir in den nächsten Jahren **intensiv an uns selbst arbeiten**.

Brauchbare Ansätze sind da. Wollen wir dazu beitragen, daß wir in eine Zeit eintreten können, die **ganzheitlich, ökologisch, weitsichtig, friedlich, human und kooperativ** verläuft. Vorstellbar ist es, deshalb ist es auch möglich!

Lassen Sie uns an der **Weiterentwicklung unseres Bewußtseins** arbeiten und zur Bewußtseins-Bildung der Menschen beitragen, die mit uns zu tun haben. Fördern und **unterstützen wir den friedvollen Zusammenschluß allen geistigen Potentials** auf diesem Planeten.

Wir brauchen Menschen mit einer **neuen Geisteshaltung**, die über morgen hinausdenken. Wir brauchen Menschen, die das **in jedem von uns vorhandene "kollektive Urwissen" in regelmäßiger Meditation bewußt werden lassen**, um die anstehenden Weltprobleme friedlich zu lösen.

Wir brauchen Menschen, die bewußt erkennen, daß sie ein autonomes Teilchen in einem riesigen, ganzheitlichen Universum sind, und die dadurch in die Lage versetzt werden, **freiwillig synergetisch zu denken und zu handeln - immer und selbstverständlich.**

Ich wünsche Ihnen, daß Sie zu diesen Menschen gehören. Ich hoffe, daß wir alle in uns selbst die verbesserten Fähigkeiten entwickeln, die wir so dringend brauchen.

Beginnen wir, **spontane Liebe für alle Geschöpfe und Dinge zu empfinden, was sie auch für Qualitäten oder Eigenschaften haben mögen.**

PHILOSOPHISCHES NACHWORT

Die vielen anregenden Diskussionen mit Freunden, Lesern, Hörern und Seminarteilnehmern erweckten viele unterschiedliche neue Denkmodelle zum Leben. Dabei habe ich feststellen müssen, daß sich sehr viele Menschen mit optimistischen Gedanken und Visionen doch recht schwertun. Das macht mich betroffen, denn **auch kollektive Erwartungshaltungen führen zu selbsterfüllenden Prophezeiungen**.

Wenn eine Gemeinschaft glaubt, daß sich vorhandene Probleme nicht lösen lassen, werden die Mitglieder dieser Gemeinschaft gar nicht erst versuchen, mögliche Problemlösungen zu finden. Da eine negative Vorstellung vom Ende der Aktion, also ein negatives Finalbild existiert, lassen sich die Menschen von Frustration, Mutlosigkeit und Lethargie beherrschen.

Ich sehe es deshalb als mein vorrangige Aufgabe an, den Glauben der Menschen an eine lebenswerte Zukunft und an ein "freundliches Universum" (Einstein) zu stärken. Der Sinn und Zweck einer positiven Vision ist nicht, genau zu beschreiben, wie was geschehen wird. Der **Sinn und Zweck einer starken Vision** ist es, Hoffnung zu geben, **Vertrauen aufzubauen, Glauben zu stärken und daraus Kräfte zu aktivieren**.

Dieses Buch ist wie eine **Metapher** zu verstehen. Es dient als ein optimistisches Denk-Modell. Es soll den Menschen aufzeigen, daß bestimmte "schreckliche" Entwicklungen (Bevölkerungswachstum, Energieverbrauch ...) nicht nur fatal, sondern durchaus auch hoffnungsvoll gesehen werden können. Nicht die Dinge sind gut oder schlecht, das menschliche Bewußtsein ist es, welches sie gut oder schlecht bewertet. Schon ein altes Sprichwort sagt: "Es gibt kein schlechtes Wetter, nur unpassende Kleidung."

Die Gedanken in diesem Buch sollen zu neuen flexibleren Betrachtungsweisen anregen.

NLP-Experten werden den Ansatz zu einem "Reframing" von globalen Denkmustern und Wertesystemen erkennen. Ich bin mir bewußt, daß dies nicht von jedem Laien verstanden werden wird, doch vielleicht liegt gerade darin die große Wirkung auf das Unter- und Unbewußte und der Nutzen dieses Büchleins.

Dieses Nachwort ist geschrieben für alle, die sich an Details festbeißen mögen und dann logisch oder gar naturwissenschaftlich zu beweisen suchen, daß einzelne Aussagen vielleicht doch nicht ganz stimmen. Sie mögen recht haben. Doch das Verlieren im Detail verhindert die Sicht auf das Wesentliche!

Deshalb sei ihnen noch einmal deutlich die Absicht dieses Buches in Erinnerung gerufen: **Durch hoffnungsvolle Zukunfts-Perspektiven Kräfte zu mobilisieren, um gemeinsam neue Wege zu finden, die Zukunft der Menschheit zum Wohle der gesamten Natur zu bewältigen.**

Die drohende selbstverursachte Eliminierung des Menschen aus der Evolution dieses Planeten durch rücksichtslose Eingriffe in das ökologische Gleichgewicht kann vermieden werden, wenn wir nur alle wollen. Die vorrangige Frage lautet nicht: "Wie soll das gehen?" Sie heißt erst einmal: "Wollen wir es wirklich alle?" **Wenn wir ernsthaft wollen**, und das setzt einen Bewußtseinswandel im Sinne dieses Buches voraus, **werden wir Wege finden**.

Häufig wird an dieser Stelle der Diskussion die Frage gestellt, ob wir diese Wege bewußt oder unbewußt finden werden. Wer will das wissen? Doch wenn wir bewußt Wege finden, unsere Umwelt systematisch oder grob fahrlässig zu zerstören, dann sollten wir zumindest mit vollem Bewußtsein bereit sein, nach Wegen zur harmonischen Integration des Menschen in die Natur und in die gesamte Schöpfung zu suchen.

Ich behaupte weder, daß alles genau so war, wie in der naturwissenschaftlichen Theorie des Urknalls angenommen, noch daß alles genau so werden wird wie in den Prophezeiungen der Visionäre.

Jede Theorie und jedes von Menschen aufgestellte naturwissenschaftliche Gesetz ist nur ein **Modell** - niemals die Realität selbst.

Jedes Erklärungsmodell ist eine Art Landkarte der Welt, in der eingetragen ist, was dem Ersteller der Landkarte wichtig oder wahrnehmbar ist von der Landschaft. Eine Karte legt Wert auf Höhenlinien, eine andere auf Vegetationszonen, eine dritte auf Bodenschätze, eine vierte auf Sehenswürdigkeiten. Die eine zeigt Wanderwege, die andere Straßen, die eine geschichtliche Ausbreitung von Völkern, die andere regionale Marktanteile von Produkten ... Welche stimmt? Alle!. Welche ist "die Richtige"? Kommt darauf an, wonach Sie suchen.

Doch unsere Aussage von oben bleibt bestehen: jede Karte ist nur ein Abbild der Welt. Jedes Modell bleibt eine Art Landkarte, es ist nie die Welt selbst. Und so wie bei Landkarten auf unterschiedlichste Dinge Wert gelegt wird, so wird auch in philosophischen und naturwissenschaftlichen Denkmodellen auf unterschiedlichste Aspekte geachtet.

Eine sinnvolle Frage lautet daher niemals: "Stimmt das Modell?" Kein Modell ist die Wahrheit. Unsere Frage sollte sinnvollerweise lauten: **"Wozu nützt das Modell?" "Hilft es uns, mit der Welt besser umzugehen zum Wohle des Ganzen?"** Läßt sich die letzte Frage mit Ja beantworten, dann erfüllt das Modell einen wertvollen Nutzen.

Bitte beurteilen Sie, liebe Leser, ob dieses Buch **seiner positiven Absicht** gerecht wird, nicht ob der Stand der wissenschaftlichen Erkenntnis darin in zehn, tausend oder hundert Millionen Jahren noch stimmt. Denn "stimmen" kann er nie, wird er von einem anderen Blickwinkel aus betrachtet.

Auch völlig andere als die in diesem Buch beschriebenen, zumeist naturwissenschaftlichen Denkmodelle könnten zutreffen. Zu einem der eindrucksvollsten Weltbilder, auf das ich in den letzten Jahren gestoßen bin, regen die Weltbestseller von Richard Bach "Die Möve Jonathan", "EinsSein" u.a. an.

Bitte beachten Sie diese Hinweise vor dem Weiterlesen:

Halten Sie sich für geistig sehr flexibel, oder sind Sie gewohnt, in metaphysischen, philosophischen oder esoterischen Weltbildern zu denken, dann mögen Sie vielleicht Spaß haben, den kommenden Ausführungen zu folgen. Sollten Sie sich bisher "nur" an lineares, kausallogisches Denken gewagt haben, dürften Ihnen die nächsten Absätze einiges "Kopfzerbrechen" bereiten, da Sie bereit sein müßten, einige Ihrer Dogmen und Glaubenssätze zumindest kurzzeitig in Frage zu stellen. Wenn Sie das nicht wollen, und das ist natürlich Ihr gutes Recht, lassen Sie einfach diese Seite aus.

Auf der sehr hohen metaphysischen Betrachtungsebene treffen natürlich die meisten Worte unserer kausallogischen Sprache nicht mehr exakt. Beispiel: wo Raum und Materie aufgehoben sind, existiert keine Zeit. Begriffe wie "früher, später oder gleichzeitig" ergeben nur noch einen ungefähren übertragenen Sinn. Deshalb habe ich viele dieser nur analog zu verstehenden Worte in Anführungs- und Schlußzeichen gesetzt.

Unterstellen wir die "Multidimensionalität der Seele" (s. Jane Roberts, Gespräche mit Seth) und die damit verbundene Möglichkeit zur "gleichzeitigen" Manifestation von Bewußtsein auf vielen verschiedenen Ebenen zu "verschiedenen Zeiten" und unter unendlich vielen unterschiedlichen Umständen. Unterstellen wir weiterhin, daß die "Seele" "freiwillig" "entscheidet", unter welchen Rahmenbedingungen sie Erfahrungen machen möchte, das heißt, unter welchen Umständen sie sich in einem bestimmten (Raum-Zeit- oder wie auch immer gearteten) Kontinuum manifestieren oder "reinkarnieren" will.

(Das steht nicht in Widerspruch zu christlichen Auffassungen, wenn Sie "freiwillig" auch als "von Gott gewollt" anerkennen, "von Gott bestimmt" auch mit "freiwillig" gleichsetzen).

Dann könnten wir uns eventuell auch vorstellen, daß diese Erde, wie wir sie augenblicklich erleben, eben nur **eine** "Bühne" für **eine** bestimmte Art von "Theaterstücken" ist.

Vielleicht ist die derzeit von uns wahrgenommene Umwelt von unserem kollektiven Unbewußten nur dafür geschaffen worden, Aggression, Krieg, Zerstörung etc. auszuleben bzw. zu lernen, auch damit umzugehen.

Vielleicht ist es gar nicht unsere "Aufgabe", die "Menschheit", die "Natur", die "Erde" zu "retten", das "Kollektiv-Bewußtsein zu erweitern". Vielleicht ist es "nur" unsere "Bestimmung", unser eigenes Bewußtsein so "weit" zu entwickeln, daß wir - wie die Möve Jonathan - uns selbst auf eine andere "Bewußtseins-Ebene" begeben können; daß wir es eben einfach nicht mehr brauchen, auf der "Bühne des Kampfes und der Aggression" "aufzutreten". (In diesem Fall wäre das Anliegen dieses Buches möglicherweise zumindest teilweise in Frage gestellt, was ich gerne in Kauf nehme).

Eine viel fatalere Aussage lautet: Vielleicht ist es sogar die "Aufgabe" der Menschheit, die Erde von einer Vielzahl von Tieren, Pflanzen, Rohstoffen und Energievorräten zu "befreien". Vielleicht "benutzt" die Evolution den Menschen dafür.

Dieser Hypothese mag ich aus vielerlei Gründen nicht viel abgewinnen. (Ich nehme es auch bewußt in Kauf, daß ich möglicherweise in einer Milliarde Jahren zugeben muß, mich getäuscht zu haben.) Mögen Sie auch lieber glauben, daß jeder Mensch und die "Gattung" als Ganzes die Freiheit besitzt, aus ihrem vorhandenen Potential das Beste zu machen, um dem Ganzen und damit allen seinen Teilen zum Wohl zu verhelfen? Dann lassen Sie uns gemeinsam zu den Schlußgedanken des 9. Kapitels zurückkehren.

Entwickeln wir - jeder für sich - unser Bewußtsein dahin, daß wir Zusammenhänge erkennen und beachten. Wenn jeder danach strebt, **seine wahre Bestimmung zum Ausdruck zu bringen, seine Fähigkeiten zum Wohle eines größeren Ganzen dienend einzusetzen**, dann müßte dies doch langfristig nicht nur jedem einzelnen, sondern **aller Schöpfung dienlich sein**. Daran möchte ich gerne mitarbeiten und freue mich über jeden, der auf seine Art dazuhilft. Übernehmen wir die Verantwortung für unser Tun, so gut wir dazu in der Lage sind.

Bewahren wir gleichzeitig auch die notwendige **Demut**, nicht alles verstehen und alles aus unserem Blickwinkel richtig beurteilen zu können, nicht alles nach unserem Willen gestalten zu wollen.

Vertrauen wir auf die göttliche Ordnung des Kosmos, auf das "freundliche Universum", in dem nichts ohne "positive Absicht" geschieht. "Dein Wille geschehe!"

LITERATURVERZEICHNIS

Ahrens, Dieter F.: Visionäres Denken - Zu neuen Lösungen durch Intuition und Fantasie, (mvg) Landsberg am Lech, 1988

Ammelburg, Gerd: Die Unternehmens-Zukunft - Strukturen und Führungsstil im Wandel zum 3. Jahrtausend, (Haufe) Freiburg im Breisgau, 1985

Aurobindo, Sri: The Live Divine, deutsch: Das Göttliche Leben, 3 Bände, (Hinder & Deelmann) Gladenbach i. H., 1974

Bach, Richard / Munson, Russell: Jonathan Livingstone Seagull, deutsch: Die Möve Jonathan, (Ullstein) Frankfurt/M., Berlin, 1972

Bach, Richard: Illusions. The Adventure of a Reluctant Messiah, deutsch: Illusionen - Die Abenteuer eines Messias wider Willen, (Ullstein) Frankfurt/M., Berlin, 1989

Bach, Richard: One, deutsch: EinsSein - Eine kosmische Reise, (Goldmann) München 1990

Birkenbihl, Vera F.: Stroh im Kopf? - Oder: Gebrauchsanleitung fürs Gehirn, 8. Auflage, (GABAL) Speyer, 1992

Bockemühl, Jochen: Sterbende Wälder - eine Bewußtseinsfrage Schulung an Naturzusammenhängen und Wandel der Lebensweise, (Philosophisch-Anthroposophischer Verlag am Goetheanum) Dornach, 1984

Capra, Fritjof: The Turning Point, deutsch: Wendezeit - Bausteine für ein neues Weltbild, (Scherz) Bern, München, Wien, 1983

Capra, Fritjof: Uncommon Wisdom. Conversations with Remarkable People, deutsch: Das neue Denken - Die Entstehung eines ganzheitlichen Weltbildes im Spannungsfeld zwischen Naturwissenschaft und Mystik, (Scherz) Bern, München, 1987

Davis, Roy Eugene: Creative Imagination, deutsch: So kannst Du Deine Träume verwirklichen - Die Technik der Schöpferischen Imagination, (CSA) Bad Homburg, 3. Auflage 1984

Dörner, Dietrich / Kreuzig, Heinz W. / Reither, Franz / Stäudel, Thea (Hrsg.): Lohhausen - Vom Umgang mit Unbestimmtheit und Komplexität, (Hans Huber) Bern, Stuttgart, Wien, 1983

Enkelmann, Nikolaus B.: Mit Freude erfolgreich sein - Motivieren Begeistern Überzeugen, Arbeitsbuch zur Persönlichkeitsbildung, (mvg) München, 4., neu bearbeitete und erweiterte Auflage 1990

Ferguson, Marilyn: The Aquarian Conspiracy, deutsch: Die sanfte Verschwörung - Persönliche und Gesellschaftliche Transformation im Zeitalter des Wassermanns, (Sphinx) Basel, 1982

Ferrucci, Piero: Crescere, deutsch: Werde was du bist - Selbstverwirklichung durch Psychosynthese, (rororo) Reinbek bei Hamburg, 33. Tsd. 1991

Gawain, Shakti: Creative visualization, deutsch: Stell Dir vor - Kreativ Visualisieren, (Sphinx) Basel, 1984, (rororo) Reinbek, 1986

Häflinger, Lorenz: Aufstieg zur Einheit, (Walter) Olten u. Freiburg i. Br., 1974

Haken, Hermann: Erfolgsgeheimnisse der Natur - Synergetik: Die Lehre vom Zusammenwirken, (DVA) Stuttgart, 1981

Harman, Willis W.: An Incomplete Guide to the Future, deutsch: Gangbare Wege in die Zukunft - Zur transindustriellen Gesellschaft, (Darmstädter Blätter) Darmstadt, 1978

Henderson, Hazel: Das Ende der Ökonomie, (Goldmann) München, 1987. Sammelband mit Arbeiten aus: Creating Alternative Futures, New York, 1978, und The Politics of the Solar Age, New York, 1981, u. a.

Hetmann, Frederik: Madru oder Der Große Wald Mit einem Bilderspiel (Baumtarot) von Tilman Michalski, (Diederichs) Köln, 1984

Hofmann, Bernd W. / Hübener, Michael: Kehrt Bhagwan jetzt in die Wirtschaft ein? Das Bewußtseinstraining als Basis moderner Fortbildungs-Konzepte in: Congreß & seminar, Nr. 12/1984, S. 16-20

Jantsch, Erich: The Self-Organizing Universe, deutsch: Die Selbstorganisation des Universums - Vom Urknall zum menschlichen Geist, (Hanser) München, 1979

Jungk, Robert: 1990 - 2000 Das Jahrzehnt der Entscheidung für unsere Welt in: natur, Das Umweltmagazin, Nr. 1, Januar 1990, S. 20f.

Landolt, Johannes Georg: Verbraucher im New Age - Steht die Wirtschaft vor einer Wende? (Herder) Freiburg, 1988

Landolt-Sauvant, Johannes Georg: Unternehmen im 3. Jahrtausend - erfolgreich den Wandel bewältigen Vortrag vor der IHK Köln, Zweigstelle Oberberg am 18. April 1989 in Gummersbach (als Manuskript vervielfältigt)

Lovelock, Jim E.: Gaia - A New Look at Life on Earth, deutsch: Unsere Erde wird überleben. GAIA - eine utopische Ökologie, (Heyne) München, 1984

Malik, Fredmund F.: Strategie des Managements komplexer Systeme - Ein Beitrag zur Management-Kybernetik evolutionärer Systeme, (haupt) Bern und Stuttgart, 1984

Mewes, Wolfgang: Die kybernetische Managementlehre (EKS), (Mewes System) Frankfurt a. M., o. J.

Myers, Norman (Hrsg.): GAIA - Der Öko-Atlas unserer Erde, (Fischer) Frankfurt/M., 1985

Naisbitt, John: Megatrends, deutsch: Megatrends - 10 Perspektiven, die unser Leben verändern werden, Vorhersagen für morgen, (Hestia) Bayreuth, 1984

Naisbitt, John / Aburdene Patricia: Megatrends 2000, deutsch: Megatrends 2000 - Zehn Perspektiven für den Weg ins nächste Jahrtausend, (Econ) Düsseldorf, Wien, New York 1990

Prigogine, Ilya: Vom Sein zum Werden. Zeit und Komplexität in den Naturwissenschaften, (Piper) München, 3. A., 1983

Prigogine, Ilya / Stengers, Isabelle: Dialog mit der Natur - Neue Wege naturwissenschaftlichen Denkens, (Piper) München, 6. A., Neuausgabe 1990

Ripota, Peter: Ist das Weltall ein Lebewesen? in: P.M. Magazin 9/1989, S. 68-74

Roberto, Julio: "... We May Be Brothers After All!" deutsch: "...letztlich könnten wir doch Brüder sein" - Der Brief des Indianerhäuptlings Seattle an den Großen Weißen Häuptling in Washington. Und die Antwort eines Mannes unserer Zeit. (Pico) Hopferau, 1982

Roberts, Jane: Seth Speaks: The Eternal Validity of the Soul, deutsch: Gespräche mit Seth - Von der ewigen Gültigkeit der Seele, (Ariston) Genf, 1979

Russell, Peter: The Awakening Earth - The Global Brain, deutsch: Die erwachende Erde - Unser nächster Evolutionssprung, (Heyne) München, 1984, Neuauflage 1991

Schnappauf, Rudolf A.: Kollektiv-Bewußtsein: die Herausforderung für den Weiterbildner - Mündet das Informations-Zeitalter in ein neues Zeitalter kollektiver Bewußtseinsbildung? in: Congress & seminar, Nr. 5/1985, S. 10-13

Schnappauf, Rudolf A.: Bildungsarbeit der 80er Jahre, in: Management & Seminar, Nr. 6/1982, S. 14-15

Schnappauf, Rudolf A.: Zauberwort NLP - Training ohne Grenzen? in: ManagerSeminare, Heft 3, 1991, S. 36-44

Schnappauf, Rudolf A.: Personal oder Persönlichkeiten entwickeln? in: ManagerSeminare, Heft 8, 1992, S. 66-67

Schilp, Paul Arthur (Hrsg.): Albert Einstein: Philosopher-Scientist, deutsch: Albert Einstein als Philosoph und Naturforscher, (Vieweg) Braunschweig, 1979

Sheldrake, Rupert: A New Science of Live: The Hypothesis of Formative Causation, deutsch: Das schöpferische Universum - Die Theorie des morphogenetischen Feldes, (Meister) 1984, (Goldmann) München, 3. A., überarbeitet und auf dem neuesten Forschungsstand aktualisiert 1991

Shogi, Effendi: Der Weg zu einer neuen Menschheit aus: Die Weltordnung Baha'u'llahs in: Die Baha'i-Religion - eine Einführung, o. Hrsg., (Baha'i) Hofheim-Langenheim, 1983, S. 3-27

Simonton, O. Carl / Matthews-Simonton, Stephanie / Creighton, James: Getting Well Again, deutsch: Wieder gesund werden, (Rowohlt) Reinbek, 1982

Solouki, Bahman und Spiegel, Peter (Hrsg.): Weltfriede ist nicht nur möglich, sondern unausweichlich - Eine Botschaft an die Völker der Welt. Mit einem Vorwort von Erwin Laszlo, (Horizonte) Rosenheim, Salzburg, Genf, 1987

Spinola, Roland und Peschanel, Frank D.: Das Hirn-Dominanz-Instrument (HDI) - Grundlagen und Anwendungen des Ned-Herrmann-Modells für die Personalentwicklung (GABAL) Speyer, 2. Auflage, 1989

Teilhard de Chardin, Pierre: Le Phenomene humain deutsch: Der Mensch im Kosmos in: Werke, Band I, (Walter) Olten u. Freiburg i. Br., 1963

Uebel, Jochen F.: Am Vorabend eines globalen Bewußtseinssprungs, in: Trendwende - Bewußtsein und Gesellschaft im Umbruch, eine monatliche Dokumentation, 3. Jg., Nr. 9/10, Dez. 84, S. 1-6.
Dissipative Strukturen - Gesetze des Phasenüberganges, ebenda S. 13.
Von Einheit zu Einheit, von Brahman zu Brahman - Der Sinn von Geschichte, ebenda S. 14-15

Uebel, Jochen F.: Globale Bewußtseinsprojekte (1) Zehntausend vor Neu-Dehli: Der "Maharishi-Effekt" auf dem globalen Prüfstand in: Trendwende a.a.O., 5. Jg., Nr. 8/1986, S. 16-28

Ulrich, Hans: Plädoyer für ganzheitliches Denken, Aulavorträge Bd. 32, (Hochschule St.Gallen für Wirtschafts- und Sozialwissenschaften) St. Gallen, 1985

Ulsamer, Bertold: Exzellente Kommunikation mit NLP - Erfolgsfaktoren des Neuro-linguistischen Programmierens für Führungskräfte, (GABAL) Speyer, Bd. 37, 1991

Watts, Alan: The Book On the Taboo Against Knowing Who You Are, deutsch: Die Illusion des Ich -Westliche Wissenschaft in der Krise - Versuch einer Neuorientierung, (Kösel) München, 1980

Watson, Lyall: Lifetide - A Biology of the Unconscious, deutsch: Der unbewußte Mensch, (Umschau) Frankfurt a. M., 1979

Vester, Frederic: Neuland des Denkens - Vom technokratischen zum kybernetischen Zeitalter, (dva) Stuttgart, 1980

Vester, Frederic: Denken, Lernen, Vergessen - Was geht in unserem Kopf vor, wie lernt das Gehirn, und wann läßt es uns im Stich? (dva) Stuttgart, 1975; (dtv) München, 1978

Wilber, Ken: Up from Eden, deutsch: Halbzeit der Evolution - Der Mensch auf dem Weg vom animalischen zum kosmischen Bewußtsein. Eine interdisziplinäre Darstellung der Entwicklung des menschlichen Geistes, (Scherz) Bern, München, Wien, 1984

Wilber, Ken: The Atman Project, (The Theosophical Publ. House) Wheaton Ill., 1980

Weitere empfehlenswerte Aufsätze zum Thema "Übergang statt Untergang" in der Zeitschrift: Spektrum der Wissenschaft, Internationale Ausgabe in deutscher Sprache von Scientific American, November 11/1989

Zu den Gedanken dieses Buches sind auch zwei **Videofilme** erschienen:

Russell, Peter: The Global Brain, Grand Prix Winner und Gold Award des Swedish PR-A/V Festivals 1985, 35 Min., deutsch synchronisiert, zu beziehen durch: 235 MEDIA, Spichernstraße 61, 5000 Köln 1,
2., verbesserter und aktualisierter Film, vorgestellt von **Peter Russell** in Deutschland 1988 auf dem Kongreß "Geist und Natur" in Hannover (empfehlenswert in der englischen Originalfassung), zu beziehen durch: BM Noetics, London WC1N 3XX

PERSONEN- UND STICHWORT-VERZEICHNIS

RAS - PHILOSOPHIE

Wer mit uns arbeitet,
hat ein Recht zu erfahren,
wie wir beraten und trainieren.

RAS steht für **R**espekt, **A**chtung und **S**elbstvertrauen.
Diese Werte leben und vermitteln wir Unternehmern, Führungskräften und Mitarbeitern.

RAS arbeitet systematisch statt schematisch.
RAS arbeitet für Menschen und mit Menschen, nicht an Menschen.
RAS trainiert, berät und motiviert:

* Unternehmens-spezifisch
* Teilnehmer-orientiert
* Ziel-gerichtet
* Branchen-gerecht
* Kunden-typisch
* individuell konzipiert

Ziel der RAS-Trainings

ist die ganzheitliche, persönlichkeits-gerechte Erweiterung individueller Einstellungen, Fähigkeiten und Verhaltensweisen, um auch neue und schwierige Situationen erfolgreich meistern zu können.

RAS hilft Ihnen, die Kommunikation mit Ihren Mitmenschen, insbesondere Ihren Mitarbeitern und Ihren Kunden wirksam zu verbessern. Der Erfolg unserer ganzheitlichen Beratungen und Trainings ergibt sich aus dem Erreichen der mit Ihnen vereinbarten Ziele, dem Nutzen für Zielgruppen und Umwelt sowie Ihrer Zufriedenheit. Nutzen Sie unsere Erfahrung: firmeninterne Seminare seit 1975, selbständig seit 1985.

TRAINING und BERATUNG - ein integriertes Konzept

Die Qualifikation aller Mitarbeiter liefert die Basis für die Leistungsfähigkeit eines Unternehmens oder einer Organisation. Deshalb beobachten wir im Training die kommunikations-fördernden und -hemmenden Verhaltensweisen der Teilnehmer und erläutern ihnen im Einzelgespräch zu ihrer Persönlichkeit passende Entwicklungs-Möglichkeiten.

Doch auch die Situation, die die Trainings-Teilnehmer in ihrer täglichen Praxis am Arbeitsplatz vorfinden, bedingt deren Verhalten. Nicht nur externe Faktoren wie Markt, Technologie und Gesetzgebung haben Einfluß, sondern auch viele interne Faktoren des Unternehmens wie Vision, Werte, Organisation, Informationsfluß, Führungsklima und Unternehmenskultur. Diese Einflußfaktoren begrenzen oft die Wirkung von Trainings. Hier hilft Ihnen die RAS-Beratung weiter. Sie erhalten Unterstützung beim Erkennen und Beheben von Schwachstellen und gruppendynamischen Konflikten sowie beim Nutzen von Chancen und Fördern latenter Potentiale.

Auf Wunsch erstellen wir Ihnen komplette konzeptionelle Lösungen für Ihre Mitarbeiter-Entwicklung und steuern Ihre Organisations-Entwicklungs- und -Transformations-Prozesse. Ihre Seminare, Trainings, Workshops, Coachings und Beratungen mit RAS sind somit integrierte Teile eines harmonischen Gesamtkonzepts aus einem Guß.

RAS - BERATUNGS - THEMEN

- **Company Mission, Unternehmens-Auftrag,** Ausrichten auf die Befriedigung von Kunden- und Marktbedürfnissen schafft klaren Daseinszweck

- **Unternehmens-Philosophie, -Leitbild, -Werte,** Mitarbeiter-Motivation durch sinngebende Vision und Produktethik

- **Unternehmens-Ziele** anspornend formulieren unter Berücksichtigung von Marktforschungs- und Image-Analysen sowie der Firmenwerte

- **Marketing- und Vertriebs-Strategien** systematisch in operationale Maßnahmen und Aktivitäts-Pläne umsetzen

- **Führungs-Leitsätze,** Orientierungsrahmen für ein menschliches Miteinander und eine förderliche Firmenkultur

- **Führungs-, Informations- und Organisations-Probleme** erkennen und überwinden in Team-Workshops und Konflikt-Moderationen

- **Motivations-Analyse** in Arbeitsgruppen und Funktionsbereichen, Anreize erhöhen, Frust abbauen, Blockaden gezielt beseitigen und Leistung verbessern

- **Leistungs-/Fähigkeits-Beurteilung,** mehr Ansporn durch gezielte Mitarbeiter-Förderung und -entwicklung

Potential-Schätzung, Karriere- und Nachfolge-Planung, hohe Motivation durch mittelfristige Zukunfts-Perspektiven

- **Funktionsmatrix,** schnelle Entscheidungswege und klare Berichtswege verbessern die Ablauf-Organisation und verringern Konfliktpotential

- **Stellen-Anforderungsprofile und Funktions-Beschreibungen,** wichtige Hilfsmittel für transparente Aufgaben und kompetente Entscheidungen

- **Management by Objectives,** höhere Leistungs-Motivation durch klare Zielvereinbarungen und individuelle Mitarbeiter-Förderung

- **Mitarbeiter-Auswahl und Einstell-Interviews,** treffsichere Personalentscheidungen - die lohnendsten Investitionen

- **Qualitätszirkel und Problemlösungs-Workshops,** sichere Wege zu guten Ergebnissen, engagierten Mitarbeitern und zufriedenen Kunden

RAS unterstützt Sie bei Analyse, Planung und Realisierung durch Befragungen, Konzeptionen, Workshops, Trainings und persönliches **Coaching.**

RAS - TRAININGS - THEMEN

FÜHRUNG

F 1 Erfolgreich Mitarbeiter führen, motivieren, delegieren
F 2 Meine Mitarbeiter noch besser verstehen
- Informieren, Kommunizieren, Überzeugen, Zusammenarbeiten -
F 3 Ganzheitlich führen mit Intuition, Gefühl und Verstand
- Wichtige Führungssituationen leicht und sicher bewältigen -
F 4 Führen im Team
F 5 Mitarbeiter-Gespräche führen
- Konstruktiv Anerkennen und Kritisieren -
F 6 Motivierende Zielvereinbarungs-Gespräche führen
F 7 Leistungsgerechte Beurteilungs-Gespräche führen
F 8 Konflikt-Gespräche und Schlichtungs-Verhandlungen
F 9 Tägliches Informations-Gespräch
F10 Top Management Workshops (s. RAS-Beratungs-Themen)

KOMMUNIKATION

K 1 Miteinander reden - Miteinander arbeiten, Team-Training
K 2 Erfolgreich zusammenarbeiten und verhandeln in Projekt-Gruppen
K 3 Bewußt wahrnehmen und verständlich kommunizieren
K 4 Berater-Training, - Hilfe zur Selbsthilfe geben -
K 5 Selbstbewußt und sicher durch überzeugende Rhetorik und Körpersprache
K 6 Rhetorik-Intensiv-Training für Fortgeschrittene zur Verbesserung der sprachlichen und körpersprachlichen Wirkung

VERKAUF

V 1 In meine Kunden hineinversetzen
- Richtig einstellen und eingehen auf jeden Kunden -
V 2 Meine Kunden noch besser verstehen
- Den guten Kontakt zu den Kunden vertiefen durch gekonnte Verkaufs-Kommunikation und -Psychologie -
V 3 Erfolgreich Verkaufen mit systematischer Verkaufs-Methodik
- Von der Gesprächs-Vorbereitung bis zur Ergebnis-Analyse -
V 4 Professionelle Verkaufs-Gespräche führen
- Verhandlungs-Training an Praxisfällen der Teilnehmer -
V 5 Termine vereinbaren am Telefon
V 6 Erfolgreich Verkaufen am Telefon
V 7 Schriftlich Verkaufen durch Direkt-Marketing
- Entwickeln eigener zielgruppenspezifischer Mass Mailings -
V 8 Überzeugende Verkaufs-Präsentation
- Gekonnt Auftreten vor Entscheider-Gremien -
V 9 Sicherer Verkaufserfolg durch sinnesspezifische Überzeugungsmuster
V10 Individuelle Blockaden überwinden und Erfolgsbewußtsein entwickeln mit NLP

RAS - TRAININGS - THEMEN

PERSÖNLICHKEIT / METHODEN

M 1 Leben oder gelebt werden - Mein Leben bewußt gestalten - Meine inneren Kräfte aktivieren, meine eigenen Ziele klären und mit positiver Einstellung und kreativem Visualisieren leicht und spielerisch erreichen
M 2 Lebensfreude - Mehr Erfolg, Gesundheit und Leistungsfähigkeit
M 3 Mein Leben positiv verändern
M 4 Bewußt wahrnehmen, gekonnt kommunizieren
M 5 Mit Selbst-Management, Zeit-Planung und Arbeits-Methodik zu mehr Erfolg in Beruf und Privatleben
M 6 Im Team zielorientiert Herausforderungen meistern mit der Moderations-Methode
M 7 Anschaulich visualisieren - erfolgreich präsentieren

Sie erhalten auch individuelle Unterstützung:

M B Einzel-Beratung und -Betreuung zum Bewältigen persönlicher Veränderungen
M C Durch Coaching zu Selbstfindung, Selbsterkenntnis, Selbstbewußtsein und Selbstvertrauen

TRAIN THE TRAINER

T 1 Trainer-Ausbildung Basis-Seminar
T 2 Trainer-Ausbildung Aufbau-Seminar
T 3 Pädagogische Weiterbildung für Trainer, Dozenten, Ausbilder, haupt- und nebenamtliche Referenten, Unterrichts-Methodik Kurse 1 bis 9
T 4 Mitarbeiter richtig unterweisen - Praktisches Methoden-Training für Führungskräfte, die häufig neue Mitarbeiter einweisen, einarbeiten und anlernen, Unterweisungs-Methodik Kurse 1 bis 8
T 5 Train The Trainer für Verkaufsleiter - Didaktisch richtiges Verhalten beim regelmäßigen Wiederauffrischen systematischer Verkaufs-Methodik mit der anvertrauten Verkaufsmannschaft

Auf Wunsch führen wir für Sie auch individuelle Supervisionen für spezielle Zielgruppen durch.

Haben Sie Interesse an Trainings- oder Beratungs-Themen? Suchen Sie einen kompetenten und erfahrenen Weiterbildungs-Partner? M 1 bis M 4 sowie K 5 stehen jedermann offen, alle übrigen Trainings können Sie firmenintern buchen. Fordern Sie uns:

RAS Training und Beratung
Rudolf A. Schnappauf
Am Fußgraben 26
6257 Hünfelden-Heringen
Telefon 06438 - 5400
Telefax 06438 - 2675

GABAL

Wer sind wir, und was wollen wir?

Wir bestehen seit 1976 und sind ein **gemeinnütziger Zusammenschluß von Praktikern aus Wirtschaft und Hochschule**. Unsere Mitglieder sind Unternehmer und Führungskräfte - unternehmerisch denkende Manager - aus Wirtschaft und Verwaltung, Hochschullehrer sowie Trainer und Berater. Neben stimmberechtigten Voll-Mitgliedern gibt es korrespondierende Mitglieder sowie fördernde Mitglieder (Unternehmen bzw. Organisationen).

Unsere **Hauptaufgabe** sehen wir in der Förderung von Kommunikation und Kooperation zwischen Wirtschafts-Praxis und Hochschule sowie in der Entwicklung und Durchsetzung eines ganzheitlichen und **zukunftweisenden Weiterbildungs-Konzeptes** für unsere Zielgruppe: Mittelständische Unternehmer und Führungskräfte sowie Studenten/Absolventen der Hochschulen.

Schwerpunkte unserer Arbeit sind heute:

• **Förderung** der Publikation von preisgünstigen **arbeitsmethodischen** Schriften für Studierende / Lernende sowie von **praxisorientierten Schriften** für Führungskräfte.

Besonders erfolgreiche Beispiele der "Reihe für Ihre erfolgreiche Zukunft" sind "Stroh im Kopf?" - inzwischen in 8. Auflage im 35. Tausend erschienen - sowie "Das 1x1 des Zeitmanagement" - das in nur wenigen Jahren mit annähernd 500.000 Exemplaren in deutscher Sprache und 15 weiteren Sprachen das Standardwerk zum Thema Zeitmanagement geworden ist.

• **Weiterbildungs-Konzepte zur Persönlichkeits- und Unternehmens-Entwicklung für die 90er Jahre,** und zwar in enger Verbindung mit der GABAL-Akademie des Erfolgs (GAE).

• Förderung der bundesweiten **Umsetzung der Erkenntnisse des Modellversuchs der Bund-Länder-Kommission für Bildungsplanung und Forschungsförderung (BLK) "Praxisverbundenes Studium an der FH Wirtschaft",** insbesondere Initiierung von Lehrveranstaltungen im Sinne eines notwendigen und effizienten "Studium Generale, des Lernen-Lernens und der Arbeits-Methodik" einschließlich Angebot von Train-the-Trainer-Seminaren sowie entsprechender Trainer-Leitfäden zur Umsetzung des zukunftweisenden **STUFE**-Konzeptes - **STU**dium **F**undamentale et **E**fficiens.

• Hilfe bei der Einrichtung bzw. Kooperation mit Partnern im Hinblick auf eine Beirats-Börse sowie eine "Arbeits-Stipendiaten-Börse" zum bundesweiten Ausgleich von Angebot und Nachfrage bei Projekt-Diplom-Arbeiten.

Wir werden beraten durch ein Kuratorium, dem - neben Repräsentanten der Fachhochschule Rheinland-Pfalz - maßgebende Institutionen und Verbände der deutschen Wirtschaft angehören, z.B. das Institut der deutschen Wirtschaft (IW) in Köln, der Deutsche Industrie- und Handelstag (DIHT) in Bonn und das Rationalisierungs-Kuratorium der deutschen Wirtschaft (RKW) /Landesverband Rheinland-Pfalz in Mainz.

GABAL

Dudenhofer Str. 46
6720 Speyer
Tel. 0 62 32 / 96 67
Fax 0 62 32/ 9 86 09

Gesellschaft zur Förderung
Anwendungsorientierter
Betriebswirtschaft und
Aktiver
Lehrmethoden in Fachhochschule und Praxis e.V.

Sind Sie an weiteren Informationen interessiert?

Dann blättern Sie bitte um!

STUFE - Schritte zum Erfolg

Ein Lehr- und Lernkonzept zur Förderung fachübergreifender Fähigkeiten

Was ist das *STUFE*-Konzept?

STUFE bedeutet: ***STU**dium **F**undamentale et **E**fficiens.* Auch für einen "Nicht-Lateiner" ist damit erkennbar, was hier mit STUFE gemeint ist: ein Studium (Lernen allgemein und im besonderen) zum Erlernen grundlegender fachübergreifender Fähigkeiten und Methoden, um ein effizienteres (Weiter)-Lernen in unterschiedlichen Lebensbereichen zu ermöglichen. STUFE repräsentiert 5 Bausteine - 5 Schritte zum Erfolg:

1. **Persönlichkeits-Analyse -** Persönlichkeit erkennen und akzeptieren: Erfolgs-Potentiale nutzen
2. **Berufszielfindung** und Umsetzungsstrategie für Studium / Ausbildung / Weiterbildung
3. **Ganzheitliches Ziel-, Zeit- und Selbstmanagement** einschließlich grundlegender Lerntechniken
4. **Mit Bewußtheit zum Erfolg -** Bewußt leben mit dem Unbewußten - Bewußte Meditation, ein mentales Training: ***S**elbst-**S**teuerungs-**S**ystem* - Drei-S-Methode
5. **Moderations-Technik** am Beispiel der Methodik wissenschaftlichen Arbeitens

Ziel ist die Integration des STUFE-Konzeptes in die Leistungsangebote unterschiedlicher Bildungseinrichtungen. Zunächst werden Bildungseinrichtungen der Wirtschaft sowie die Universitäten/Fachhochschulen, aber auch Einrichtungen der Jugend- und Erwachsenenbildung angesprochen.

Eine Erweiterung ist möglich und geplant. So sollen in Zukunft alle anderen schulischen Einrichtungen in dieses Konzept einbezogen werden. Dazu gehört, möglichst viele Lehrer, Dozenten, Lehrbeauftragte, Ausbilder und Weiterbildner für die Umsetzung von STUFE zu begeistern.

Kompetenten Multiplikatoren vermitteln wir Ziele, Methoden und Inhalte der STUFE-Bausteine in Train-the-Trainer-Seminaren. Zu jedem STUFE-Baustein gehört - neben einem Trainerleitfaden mit Folien und Kopiervorlagen für Teilnehmer-Unterlagen - ein **GABAL-Teilnehmerarbeitsbuch**.

Weitere Informationen:

STUFE - Schritte zum Erfolg -
STUFE-Bücher - neu bei GABAL

- Diese Arbeitsbücher sind bisher erschienen -

Lorenz Wolff / Johanna Frank

Berufszielfindung und Umsetzungsstrategie für Studium/Ausbildung/Weiterbildung
- Kybernetische Strategie -
104 Seiten, broschiert
ISBN 3-923984-61-8 **Preis: DM 24,80**

Berufszielfindung - lohnt sich das?

Warum sind so viele Menschen unzufrieden mit ihrem Beruf?
Haben sie sich vielleicht nicht genug Mühe gegeben, um das **für sie richtige** Berufsziel zu finden? Haben sie Mühe und Arbeit gescheut, intensiv alle Informationen herauszufinden, die gerade **für sie** wichtig gewesen wären? Oder haben sie - trotz dieser Mühe und Arbeit - den falschen Weg gewählt?

Um gerade allen lernenden jungen - und jung gebliebenen - Menschen die Möglichkeit zu geben, eigenverantwortlich ihr berufliches Ziel zu suchen und zu finden - dazu ist dieser vorliegende "Leitfaden zum aktiven Handeln" gedacht.

Es werden Methoden aufgezeigt, wie in systematischen Schritten ein berufliches Ziel konkretisiert, gefunden und dazu eine Umsetzungsstrategie entwickelt werden kann.

Ein Leitfaden für alle: Berufseinsteiger, Profis und Berufswechsler.

Zu diesem Buch gibt es bereits den Trainer-Leitfaden mit Folien sowie Kopiervorlagen für die Teilnehmer-Unterlagen zu DM 495,- !

Bewußt leben mit dem Unbewußten

In einer Geschichte wird von einem Manne berichtet, der wochenlang mehrmals täglich betet "Lieber Gott, laß mich das große Los gewinnen!" Er betet zu Hause, in der Kirche und an anderen heiligen Stätten. - Nach einiger Zeit, als er wieder dasitzt und betet, öffnet sich der Himmel und eine Stimme ertönt: "Gib mir eine Chance. Geh, kauf dir endlich ein Los."

Was kann uns diese kleine Geschichte verdeutlichen? Beten, meditieren, **mentales Training -** kurz das Anrufen zusätzlicher Kräfte und Energien zu unserer Unterstützung - sind eine Sache. Unser eigenes Dazutun ist die andere; es zeigt sich in unserem **zielgerichteten Handeln.** In unserer Erzählung steht dafür der Kauf des Loses. Sind beide auf das gleiche Ziel ausgerichtet, können sie sich erfolgreich ergänzen.

Das vorliegende Buch integriert zwei Wege zu dem von uns angestrebten Erfolg:

1. Die **bewußte Meditation** und
2. Die neue **Drei-S-Methode (Selbst-Steuerungs-System).**

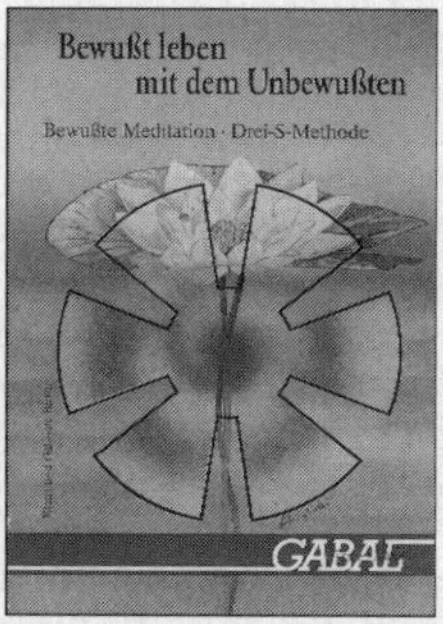

Klaus und Gabriele Birker

Bewußt leben mit dem Unbewußten
Bewußte Meditation • Drei-S-Methode
160 Seiten, broschiert
ISBN 3-923984-42-1 **Preis: DM 24,80**

Alle Bücher der STUFE-Reihe können mit dem Eindruck Ihres Firmenlogos als wertvoller Werbeträger auf Ihr Unternehmen hinweisen. Fragen Sie uns nach den Konditionen für Siebeindrucke/Sonderauflagen.

GABAL-Verlag GmbH • Dudenhofer Straße 46 • 6720 Speyer
Tel. (0 62 32) 96 66 • Telefax (0 62 32) 9 86 09

Vera F. Birkenbihl

Oder: Gebrauchsanleitung fürs Gehirn

ISBN 3-923984-66-9

Package:
insgesamt nur DM 78,–

Vom Gehirn-Besitzer zum Gehirn-Benutzer!

Warum versteht ein Gehirn-Benutzer besser, was er hört und liest, als ein „nur" Gehirn-Besitzer? Warum kann er klarer informieren, verhandeln und motivieren, leichter Probleme lösen und Entscheidungen treffen? Er denkt und arbeitet gehirn-gerecht!

1981 wies der Nobel-Preisträger Roger Sperry nach, daß die linke Gehirnhälfte der Sitz der Sprache und der Ratio, die rechte Hemisphäre der Sitz des bildhaften Denkens und der Intuition ist. Unser Bildungssystem fördert maßgeblich das linkshirnige Denken und läßt dabei die andere Hälfte der ungeheuren Kapazität des Gehirn fast völlig unberücksichtigt.

In ihrem Kurz-Seminar mit dem provozierenden Titel „Stroh im Kopf?" sagt Vera F. Birkenbihl, die bekannte Management-Trainerin, diesem „halbhirnigen" Denken den Kampf an. Sie weist auf die Bedeutung der unterschiedlichen Fähigkeiten beider Gehirnhälften für das Lernen und Arbeiten hin und gibt Tips für gehirn-gerechtes Vorgehen in der beruflichen Praxis.

Das Kurz-Seminar enthält das Buch **„Stroh im Kopf?"**, das jetzt für die besonderen Bedürfnisse des Managements völlig überarbeitet und um einen Trainings-Plan für gehirn-gerechtes Denken erweitert wurde. Außerdem drei Tonkassetten, die – als didaktische Hörspiele aufbereitet – die Gedankengänge des Buches vertiefen.

Kassette (DM 19,80), Gedächtnis allgemein:
Gedächtnis-Mechanismen erfolgreich nutzen,

Kassette (DM 19,80), Mechanismen des Unbewußten bewußt nutzen:
Es ist leicht das Gehirn optimal zu nutzen, wenn man weiß wie!

Kassette (DM 19,80), Namensgedächtnis:
Eine Namen-Merk-Methode in drei Schritten,

Buch (DM 24,80), „Stroh im Kopf?"
Als eine „Gebrauchsanleitung fürs Gehirn" ist das Kurz-Seminar wichtig für alle Menschen, die das phänomenale Instrument in Ihrem Schädel optimal nutzen möchten.

Die Reihe für Ihre erfolgreiche Zukunft

Erfolg und Methodik

Hardy Wagner
Praxisverbundenes Studium (Band 7).
ISBN 3-923984-02-2
164 S., br., **14,80 DM***

Hardy Wagner
Persönliche Arbeitstechniken. Grundlagen und Methoden erfolgreichen Selbstmanagements (Band 8).
ISBN 3-923984-68-5
120 S., br., **19,80 DM***

Lothar J. Seiwert
Das 1 x 1 des Zeitmanagement (Band 10). Das bekannteste Buch über Zeitplanung. In zahlreiche Sprachen übersetzt. Gesamtauflage über 500.000 Exemplare.
ISBN 3-923984-50-2
64 S., br., **14,80 DM***

Rudolf Straube
Lebensfreude (Band 15). Regeln für den Lebenserfolg. Durch positives Denken und geistiges Training seelische Verkrampfungen lösen.
ISBN 3-923984-15-4
86 S., br., **24,80 DM***

Hans Schmitz
Richtig Telefonieren (Band 17). Persönlichkeit und Techniken am Telefon erfolgreich nutzen.
Mit Checklisten, praktischen Tips und Anregungen für schwierige Gesprächssituationen
ISBN 3-923984-57-X
99 S., br., **24,80 DM***

Seiwert / Wagner
Management mit Zeitplanbuch plus PC (Band 22).
Eine aktuelle Marktübersicht mit 67 Zeitplanbüchern und 14 Zeitmanagement-Softwareprogrammen.
ISBN 3-923984-62-6
216 S., br., **29,80 DM***

Lothar J. Seiwert
Selbstmanagement (Band 25). Bedeutung und Funktion des Selbstmanagements – Zielsetzung – Planung – Entstehung – Realisation – Kontrolle – Information und Kommunikation.
ISBN 3-923984-25-1
60 S., br., **19,80 DM***

Graichen / Seiwert
Das ABC der Arbeitsfreude (Band 30). Techniken, Tips und Tricks für Vielbeschäftigte. Die 25 wichtigsten Arbeitstechniken von A-Z mit Checklisten zur erfolgreichen praktischen Umsetzung.
ISBN 3-923984-30-8
80 S., br., **19,80 DM***

Bertold Ulsamer
Exzellente Kommunikation mit NLP (Band 37).
Besser kommunizieren mit NLP für Führungskräfte. Anschauliche Beispiele erläutern die Umsetzung in den Arbeitsalltag.
ISBN 3-923984-37-5
152 S., br., **24,80 DM***

Hardy Wagner
Zielorientiert und praxisverbunden studieren – erfolgreicher im Leben (Band 27).
Dokumentation eines Modellversuchs.
ISBN 3-923984-27-8
160 S., br., **14,80 DM***

Wolff / Frank
Berufszielfindung und Umsetzungsstrategie für Studium/Ausbildung/Weiterbildung (Band 41).
Kybernetische Strategie. Leitfaden für Berufseinsteiger, Profis und Berufswechsler.
ISBN 3-923984-61-8
104 S., br., **24.80 DM***

Birker / Birker
Bewußt leben mit dem Unbewußten (Band 42).
Bewußte Meditation – Drei-S-Methode.
ISBN 3-923984-42-1
160 S., br., **24,80 DM***

Anwendungsorientierte Betriebswirtschaft

Gottfried Giese
Unternehmensplanspiel ALPHATAU. Übungen am Kompaß der Unternehmens-Steuerung (Band 9).
ISBN 3-923984-59-6
40 S., br., **12,80 DM***

Oyen / Schlegel
Projektmanagement heute. Eine Führungsalternative unserer Zeit (Band 12).
ISBN 3-923984-12-X
154 S., br., **29,80 DM***

Donaubauer / Schoemen
Corporate Identity in Theorie und Praxis am Beispiel der Stadtsparkasse Marktredwitz. (Band 51).
ISBN 3-923984-51-0
40 S., br., **12,80 DM***

GABAL

GABAL-Verlag GmbH · Dudenhofer Straße 46 · 6720 Speyer · Tel. (06232) 9666 · Telefax (06232) 98609